JN026927

解くだけで 思いのままに英語が話せる！

ゼッタイ覚えたい 英会話フレーズ **100**

塚本亮　　*SANSHUSHA*

はじめに

　みなさん、こんにちは、塚本亮です！

　英語をもう一度勉強してみよう、今度こそ英語が話せるようになりたい…

　きっとあなたもそんな想いから本書を手に取られたのではないでしょうか。

　そんなみなさんからいただく質問で多いのは、
「英語はまずどこから勉強したらいいですか？」
というものです。

　僕がパーソナリティをしているラジオ番組にも同じような疑問を持つリスナーさんがいて、そういった質問をよくいただきます。
　そんなとき僕は「まず使えるフレーズを丸々覚えてください」とお話しします。単語ももちろん大切なのですが単語だけでは会話は成り立たないのでフレーズを覚えてそのフレーズを使う中で応用しながら覚えていくのが実践的で効果がすぐ出ます。小さな結果が出ると楽しくなってもっと学びたくなる。そんな理想的な学習サイクルに入った人が、すぐに上達する人なのです。

たとえば、Can I? というフレーズは、これだけで「〇〇していいですか？」ということなのでカメラを指さしながら言えば「カメラいいですか？」という意味で伝えられます（カメラの何がいいのかは文脈でわかると思います）。実際の会話の中ではジェスチャーなどのボディランゲージも使えるので思っている以上に短いフレーズでいくらでも使えることが多々あるんです。それを文章できちんと「写真をとってもいいですか？」と英語で言おうとしてもCan I? を覚えていれば、Can I take a picture? もすんなり応用して出てくるようになるというわけです。

　今回みなさんにぜひとも最初に覚えてほしい、こなれた100フレーズをクイズ形式でお届けします。冒頭でも書きました、僕がパーソナリティを担当するラジオ番組でも大変好評でゲストやリスナーの方からも「すぐ覚えられた」というご感想をいただいています。クイズ形式なので、楽しくてそのうえ、心理学的にも効果があるのです。詳しくは「クイズと学習効果」(p.8-9)もご覧くださいね。

　それでは、クイズで英語をグングン上達させましょう！

塚本亮

Contents

この本の使い方

　英語のフレーズをただ暗記するだけではつまらないですし、覚えられないのは当然です。

　この本は、「とっさに言えたらかっこいい」、「こなれた英会話100フレーズ」をクイズ形式でお届けします。3つのクイズタイプで飽きることなく楽しく解き、気づいたらフレーズが自分のものになるように作りました。この本には全100問のクイズが1〜5のレベル別に掲載されています。クイズはすべてのレベルの問題に以下の3つのタイプがあります。

クイズタイプ 1
マンガで当てる英語フレーズ！

2コママンガを読んで最後にある英語のフレーズの意味を当ててみましょう。

クイズタイプ 2
4択英語フレーズクイズ！

ある日本語に対して正しい英語を4択から選ぶ（またはある英語に対して正しい日本語を4択から選ぶ）問題です。

クイズタイプ 3
答え推測　英語フレーズクイズ！

会話の受け答えがすべて同じ英語のフレーズである3つの簡単な会話からその英語のフレーズの意味を推測します。

A クイズの答えと意味、発音をカタカナ表記（特に強く読むのを意識したほうが良い部分がある場合、または、アクセントがわかりにくい場合、そこを太字にしています）でのせています。また右上にあるのが音声番号です。音声は楽しく学習できるよう、ラジオ番組さながらの塚本先生の吹込み（Q51からは関西弁！）とBGMが入っています。英語はアメリカ人男性とイギリス人女性の2か国語対応です。

B 発音のポイントを書いています。フレーズによってはイントネーション（抑よう）や表情、トーンなども大切なので「こなれた感じ」を出すためのポイントをさまざまな観点から紹介しています。

C 同じ意味で別の英語の表現がある場合、**他の表現はコレ!** を紹介しています。使う場面や相手などにより同じ意味でも使い分けできるといいですね！ **表現をアレンジ!** では、紹介したフレーズを使ってもう少し込み入ったこと、細かいことを言うときの表現をのせています。

D ここではフレーズに関連した豆知識やフレーズの由来などをのせています。ただのフレーズの暗記にとどまらず、読んでいておもしろい本になっています。

クイズと学習効果

「この本の使い方」でもお伝えしたように、ただフレーズを暗記するだけでは楽しくもないし、自分のものとして消化されないため、なかなか適切なタイミングで適切なフレーズがパッと口から出てくることが少ないでしょう。

　今回、僕が担当しているラジオ番組でも好評の「クイズ式」を取り入れることで「楽しく」、かつ「効果的に身について、自分のものとして」フレーズを覚えられるような構成にしました。ではなぜ、クイズが効果的なのか少しお話ししますね！

テスト効果で記憶に定着

　ワシントン大学の認知心理学者、ヘンリー・ロディガー教授とパデュー大学のジェフリー・カーピキ教授が行った研究では、テスト自体に学習効果があり、単純に覚えようとするよりも（意味記憶）一度自分の中で正解は何なのかとあれやこれや試行錯誤するほうが記憶に残ると言うことがわかっているのです。

視覚的エピソードで学習効果が2倍に

　さらにこの本ではたくさんのイラストをのせています。「視覚的」なものがあると人は見たものと関連づけて覚えるので思い出しやすくなるのです。その上、それぞれにシーンを設けていますが、エピソードがあることで記憶の定着率がとても高まる

こともわかっています。なぜならエピソードには感情が含まれるから。シーンをイメージしながらイラストを見ることで五感も刺激されて学習効果が高まるのです。

ゲーム化の効果は脳科学でも実証済み

　ゲーミフィケーション（ゲーム形式にすること）で、快楽ホルモンであるドーパミンの分泌につながるんですね。それが結果的に記憶されやすくなることが脳科学的にも証明されているのです。クイズがもってこいですね！ぜひ一人で本書にチャレンジしていただいてもいいですし、お友達や家族と楽しくゲーム形式でチャレンジしていただくのもオススメですよ。

　このような3段階を踏んで知り得た100のフレーズは、きっと、すぐにあなたのものになります。楽しく考えてクイズに挑戦しましょう！

この本のレベルの目安

　この本は、全部で5つのレベルに分かれています。あくまでも目安ですが、英語の表現としての難易度や使われている頻度などを総合的にふまえてレベル分けをしています。

レベル1

　2〜3語フレーズ多め。日常会話などのカジュアルなシーンでもよく使われることの多いフレーズ。クイズでも単語の意味を考えながらヒントとあわせて考えれば答えが導きやすいはず！

レベル2

　3語前後フレーズ多め。単語の意味とヒントをあわせて考えるとわかるものもある。知っている意味とは別の意味で使われているフレーズや、同じ意味で知っているフレーズよりももっと「こなれた」フレーズを見つけられるかも。

レベル3

　3〜4語フレーズ多め。このあたりになると少し頭をひねらせて想像力を働かせながらクイズに挑戦しよう！　単語そのものは知っている単語で構成されていることが多いので覚えやすいはず。カジュアルなシーン以外でも使えるフレーズも出てくる。

レベル4

　4語フレーズ多め。意外性のあるフレーズがでてきて、日常会話でもビジネスシーンでも使ってもOKなフレーズも出てくる。

レベル5

　5語フレーズ多め。日本語の訳だけ見ても少し難しそうなフレーズが並ぶ。日本語にしても意味がわからないものが多く、驚きの連続かも！？　ここまでくればお手のもの！　ぜひ英語圏の外国人の方々に使ってみよう。きっと大よろこびしてもらえるはず！

　フレーズの語数は出現する語数の中で多いものを表記しています。難易度の感じ方は個人差があるので好きなところから解いていくのもいいですね。

　まずは解くだけ！

前置きはこれくらいにして、
さっそくクイズに
チャレンジしていこう!

全部で100問。
楽しい英会話フレーズ
クイズに挑戦!!

LEVEL 1

—

19
Quizzes

まずはウォーミングアップ！

どのクイズから解いてもOK!

- I'm tipsy.
- My bad.
- No way! ...etc

意味がわかるフレーズは
あるかな?

Q

1 最後のセリフは何と言っているか マンガを読んで当ててみよう！

My bad. とは何という意味でしょう!?
マンガから推測してみてね。

001

ごめん！

My bad. (マイバッド)

こう発音しよう！

badのaは「ア」と「エ」の中間のような音なので、口を横に開きながら（「エ」の口）、「ア」を発音するように意識してみましょう。

他の表現はコレ！

● **I'm sorry.**

一番よく聞くこのフレーズは、ちょっと深刻な感じがあります。

● **My apologies.**

とてもフォーマルな印象を与えるので、きちんと謝罪するときに使われますね。

もっと知りたい！

I'm sorry.よりカジュアルに謝りたいときの「ごめん」で、「すまん」のようなニュアンスです。家族や友達との間で使われる、かなりインフォーマルな表現です。ちょっとしたミスをしたときに使いましょう。取り返しのつかない致命的なあやまちや失敗をしたときにMy bad.を使うのは避けたほうがいいでしょう。

2 最後のセリフは何と言っているか マンガを読んで当ててみよう！

Level 1

I can't stop laughing. とは何という意味でしょう！？マンガから推測してみてね。

17

笑 い が 止 ま ら な い 。

I can't stop laughing.
（アィ **キャ**ーント　ストッ**プ**ラッフィン）

こう発音しよう！

I can'tは一息で。laughingのghはfの発音で、ラッフィンのようになるので気をつけましょう。

表現をアレンジ！

- **I can't stop loving you.**
  「あなたを愛さずにはいられない」
- **I can't stop thinking about you.**
  「あなたのことを考えずにはいられない」
- **I can't stop coughing.**
  「咳が止まらない」

もっと知りたい！

もう自分ではコントロールが効かない！と感じたときに使えるのが、I can't stop... です。口語でも使えますし歌詞でもよく見かけますね。

I can't stop ~ingとI can't help ~ingはともに「～を止められない、～せずにはいられない」という意味ですが、

・**can't stop 〜ing**：すでに始まっている動作を止めようとしても止められない

・**can't help 〜ing**：まだ始まっていない動作をつい、してしまうというときに使います。例えばI couldn't stop laughing. は「笑うのを止められなかった」でI couldn't help laughing. は「思わず笑ってしまった」という意味になるのです。

3 最後のセリフは何と言っているか マンガを読んで当ててみよう！

Level 1

I'm tipsy. とは何という意味でしょう!?
マンガから推測してみてね。

19

ちょっと酔っちゃった。

I'm tipsy. （アィム **ティ**プスィ）

こう発音しよう！

ポイントは、最後の sy の発音。日本人のカタカナ発音の「シー」にならないように。そのためには、唇をとがらせず舌先を下の歯茎に当ててsiと発音することを意識しましょう。

他の表現はコレ！

どちらも「酔った」と表現するときに使うフレーズ。

● **I'm drunk.**

教科書などでもよく出てくる、最も知られた表現。実はこれだと「相当酔ってしまった」という意味になってしまいます！特に女性はあまり使わないように！

● **I'm buzzed.**

tipsyと同じくらいの「ほろ酔い」のときに使います。「バズドゥ」と発音。

I feel buzzed / tipsy. としてもOK。

もっと知りたい！

しらふ **sober** → ほろ酔い **tipsy** → もう泥酔 **wasted**

4 最後のセリフは何と言っているか マンガを読んで当ててみよう！

My phone died. とは何という意味でしょう！？マンガから推測してみてね。

Level 1

A

携帯の充電が切れちゃった。

My phone died. （マイフォン **ダイドゥ**）

こう発音しよう!

diedのieは「アイ」と発音するのでdiedは「ダイドゥ」となります。この部分を強めに読むと「充電が切れてしまった」ことをハッキリ伝えられます。

他の表現はコレ!

- **My phone is dying.**

  こう言うと電池が「切れそうになっている」ことを表現できますね。

- **Do you have a charger?**

  「充電器持ってる?」

  この表現もあわせて使えるといいですね。

もっと知りたい!

さまざまなものの充電が切れたときによくMy ○○ died.と言います。○○には携帯だけではなくパソコンなどを入れても使えます。また、**My phone is dead.** でも同じ意味です。

22

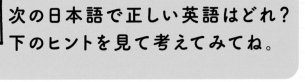

5 次の日本語で正しい英語はどれ？
下のヒントを見て考えてみてね。

フェイスブックやってる？

① Are you in Facebook?
② Are you at Facebook?
③ Are you on Facebook?
④ Are you for Facebook?

Level
1

ヒント

005

③ Are you on Facebook?

（ア ー ユ ー オ ン　フェイスブック？）

　言い出しのAreを強調するようにしながら、Are you onを一息で発音してみましょう。

- **Do you have [Facebook]?**

　これでももちろんOKです。

- **Do you [Facebook]?**

　もっとカジュアルな言い方で、こう言うこともできますよ。

　[　]には他のSNSを入れて、Do you (have) [LINE]?「ラインしてる？」のように使ってみましょう。

フェイスブックをやっているかどうかを尋ねる定番フレーズ。「フェイスブック上にいますか？」というイメージからon（〜の上）になるのです。Yes! と返ってきたら、**Can I send you a friend request?**「フレンド申請してもいいですか？」と聞けるとさらにgoodですね！

Q 6

次の日本語で正しい英語はどれ？
下のヒントを見て考えてみてね。

乾杯！
<small>かんぱい</small>

① Thumbs up!

② Chin up!

③ Glass up!

④ Bottoms up!

ヒント

何をUPしている？

006

④ Bottoms up!

（**ボ**ロムス　アップ！）

こう発音しよう！

語頭の「ボ」にアクセントを置いて勢いよく発声しましょう！
bottomsの -tto は、「ット」と読むのではなく、「ロ」に近い
音で発音し、音を弾いて「ボロムス」のように。「ボトムス」
と言わないように。

他の表現はコレ！

- **Cheers!**
  もっとも定番の言い方です。
- **Shall we make a toast?**
  「では乾杯しましょうか？」
  toastは「乾杯」という意味で、もう少していねいな言い方
  です。

もっと知りたい！

Bottoms up! は「グラスの底を上げて！」が直訳で、最後まで飲
み物を飲み干すときに「乾杯！」「一気！」と言うときのカジュアル
な表現になります。勢いの良さを感じますね。

ちなみに、選択肢① **Thumbs up!** は親指を立てるしぐさから、
「いいね！」「了解！」などの意味で、② **Chin up!** は「あごをあ
げる」から「元気出して！」の意味になります。

Q 7

次の日本語で正しい英語はどれ?
下のヒントを見て考えてみてね。

> 今 向 かっ て い る と こ ろ 。

① I'm in my way.

② I'm on my way.

③ I'm for my way.

④ I'm up my way.

Level 1

ヒント

 ① 道に in
している

 ② 道に on
している

③ 道に for
している

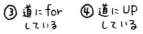 ④ 道に up
している

② I'm on my way.

（アイム　**オン**マイウェイ）

こう発音しよう！

onにアクセントを置いて、そのあと流れるようにオンマイウェイを発音しましょう。

表現をアレンジ！

on my wayのあとに「to＋場所」で「〜へ行く途中」という意味を伝えられます。

- **I'm on my way to the airport.**
  「空港に向かっているところです」
- **I'm on my way back home.**
  「家に帰っている途中だよ」

もっと知りたい！

「今どこ？」と聞かれて「向かってるよ」というときに使える表現ですね。

ちなみに、レストランなどで「料理はまだですか？」と質問して、「まもなく来ますよ」と言われるときは **It's on its way.** という言い方があります。決まり文句ですので覚えておきましょう。

Q 8

次の英語で正しい日本語はどれ？
下のヒントを見て考えてみてね。

I'm into Yoga.

① ヨガ中です。

② ヨガにハマっています。

③ ヨガをしようとしています。

④ ヨガを教えています。

ヒント

into のイメージ図。

② ヨガにハマっています。

I'm into yoga. (アイ**ミ**ントゥ　ヨガ)

こう発音しよう!

ひとつめのポイントはI'mのmとintoのiをつなげて、mi「ミ」のように発音すること。ふたつめのポイントは、intoのiにアクセントが入るのでtoを柔らかく唇の力を緩めて発音しましょう。

表現をアレンジ!

● **I'm not into tennis.**
　「テニスに興味がない」
　「興味がない」「〜する気がしない」という意味で使えます。
● **She's totally into you.**
　「彼女は君にベタボレだよ」
　「be into [人]」で「[人]にハマっている」つまり、「[人]に夢中、惚れている」という意味になります。

もっと知りたい!

I'm into〜は、「〜にのめり込んでいる」「〜にハマっている」という表現です。カジュアルな表現ですが、さまざまなシーンで使うことができます。loveやlikeに比べるとbe intoのほうが強いニュアンスを持ちます。マニアックなほどに何かにハマっているイメージですね。I'm into games. とすると24時間ゲームを考えている感じです。

9 次の英語で正しい日本語はどれ？ 下のヒントを見て考えてみてね。

Please say hello to Mr. Tanaka.

① 田中さんに元気だと伝えてください。

② 田中さんにhelloと言わせてみてください。

③ 田中さんにあいさつしてください。

④ 田中さんによろしくお伝えください。

ヒント

say hello to〜でひとつの意味になります。

④ 田中さんによろしくお伝えください。

Please say hello to Mr. Tanaka.
（プリーズ セィ **ハ ロ ゥ** トゥ　ミスター タ ナ カ）

こう発音しよう！

helloの最後のoは「オゥ」で「オー」とのばさないように
言いましょう。

表現をアレンジ！

- **Please say hello to your parents.**
  「ご両親によろしくお伝えください。」
- **Please say hi to your wife.**
  「奥様によろしくお伝えください。」
  hiを使うこともできます。
- **Say hello to Ken.**
  「ケンによろしく！」
  よりカジュアルな関係のときはpleaseを省くこともできます。
  Say hi to Ken. でもOK。同じくらいカジュアルに使えます。

もっと知りたい！

相手との別れ際に「〇〇さんによろしくお伝えください！」という
機会は結構ありますよね。そんなときに使うことができる表現です。
返答は、**Sure. I will.**「もちろん。伝えます」と言えるといいです
ね。あわせて覚えておきましょう。

Q 10

次の3つの会話の答えはすべて
同じHell no! です。
フレーズの意味を推測しよう。

①

今度バンジージャンプに行かない?

Hell no!

②

じゃあ、おばけ屋敷は?

Hell no!

③

バースデーケーキ買ってきたよ。

Hell no!

Hell no! の意味は?

Level

1

33

🔊 010

A

絶対にいやだ。

Hell no!（ヘル　ノゥ）

こう発音しよう！

hellのlは、舌の先を、上の前歯のすぐ裏の歯茎につけます。その状態で「ル」と軽く言いながら舌を離していきます。Noは「ノー」と伸ばさず、「ノゥ」となるように気をつけましょう。

他の表現はコレ！

● **No way!**

「そんなバカな！」「絶対やだ！」「無理！」といろいろな使い方ができる便利なフレーズです。→Q14参照。

表現をアレンジ！

● **Hell yeah!**

Hell no! の逆の意味で使うときにHell yeah! と言います。Yeah! の強調ですね。「やった！」とか「まさに！」みたいな意味になります。

もっと知りたい！

Hellはもともと「地獄」という意味がありますが、スラングになると「絶対に〜」などと言葉を強調するときによく使われます。だからHell no! だと、「絶対にありえない」や「絶対にいやだ」となるのです。P.33の③のように、うれしいときに恥じらいを感じながら「やだもぉ〜」と言うときにも使えるのです。

34

Q 11 次の3つの会話の答えはすべて同じGo ahead. です。フレーズの意味を推測しよう。

①

（エレベーターのドアが開いて、同時に降りようとした相手に）

Go ahead.

②

すみません、このペン使ってもいいですか？

Go ahead.

③

（話そうとしたタイミングがかぶったときに）

Go ahead.

Go ahead. の意味は？

Level 1

35

お先にどうぞ。

Go ahead.（**ゴゥ**　ァヘッド）

こう発音しよう！

　相手への気遣いの言葉ですから優しく言うのがポイントでしょう。Go は「ゴー」とのばさず、「ゴゥ」のように唇を軽くとがらせて発音するのがポイントです。

他の表現はコレ！

● **After you.**

　Go ahead. と同じように乗り物や順番をゆずるときに「お先にどうぞ」と言うときに使えるフレーズ。After you. のほうが Go ahead. よりもていねいな印象を与えます。ビジネスなどではAfter you. を使うほうがスマートです。

表現をアレンジ！

● **Why don't you just go ahead?**

　「とにかくやってみたら？」

もっと知りたい！

誰かがあなたに「〜してもいいですか？」と尋ねてきたときにSure. Go ahead. と言う返答として使うこともできます。また、Go ahead. は Please go ahead. と Pleaseをつけて、ていねいさを加えることができますが、After you. は Please after you. とは言わないので注意しましょう。

Q 12 次の3つの会話の答えはすべて同じThat's so mean. です。フレーズの意味を推測しよう。

①

（チーズが嫌いだと知ってて）チーズケーキ
を買ってきたよ！

That's so mean.

Level 1

②

（忙しいことを知ってて）さらにこの仕事も
お願い。

That's so mean.

③

（電車で目の前にお年寄りがいるのに座り
続けている人を見て）お年寄りに席をゆず
らないなんて。

That's so mean.

That's so mean. の意味は？

いじわる！

That's so mean.（ザッツ　ソー　**ミーン**）

こう発音しよう！

　使うシーンに応じてトーンを変えてみましょう。冗談っぽく軽く言うときは、少し笑顔で高めのトーンで。ちょっと怒って言うときは、トーンを落として。トーンで感情を伝えましょう。

他の表現はコレ！

- **You are so cruel.**
  「あなたは本当にひどい人ね」
  cruelは残酷（ざんこく）という意味ですから強い言葉に聞こえますね。
- **You are so heartless.**
  「あなたって心ない人ね」

表現をアレンジ！

- **You are so mean.**
  「あなたっていじわるね」

もっと知りたい！

いじわるな行為をされたり、見かけたりしたときにその行為を指して「それはいじわるね！」と言うフレーズです。
「もう（やめてよ〜）！」のようにふざけあっていて軽い気持ちで使うときもあれば、ちょっと怒って言う場合もどちらにも使えます。

Q 13

次の3つの会話の答えはすべて
同じI'd love to! です。
フレーズの意味を推測しよう。

①

ちょっとこれ、貸してくれない?

I'd love to!

②

明日の夜、飲みに行かない?

I'd love to!

③

窓を開けてくれない?

I'd love to!

I'd love to! の意味は?

Level

1

39

よろこんで！

I'd love to!（アイドゥ　**ラフ**トゥ）

013

こう発音しよう！

loveを少し強めに発音するといいでしょう。最も注意したいのは、loveとtoをくっつけて「ラフ トゥ」と聞こえるように発音するとより言いやすく、ネイティブらしく聞こえます。

他の表現はコレ！

● **My pleasure.**

「よろこんで」

意味は近いですが使うタイミングが違います。「ありがとう」と言われた後に、You're welcome. の代わりに使えるのがMy pleasure. です。I'd love to! はこれからのことに使います。

表現をアレンジ！

● **I'd love to, but I can't.**

「よろこんでしたいところですが、できません」

誘いをやむなく断るときにも使えます。

● **I'd love to go someday!**

「いつか行ってみたい！」

もっと知りたい！

I'd like toも「〜したい」という意味ですが、loveを使うともっと強い気持ちを表すことができます。

40

Q 14

次の3つの会話の答えは
すべて同じNo way! です。
フレーズの意味を推測しよう。

① オリンピックのチケット当たったんだ！

No way!

② ジョンがクビになったんだって。

No way!

③ タカとカナエが結婚したんだって！

No way!

Level 1

No way! の意味は？

ありえない！

No way!（ノゥ　ウェィ）

こう発音しよう！

最初のNoにアクセントをつけましょう。Noは「ノー」と伸ばさず、軽く唇をとがらせて「ノゥ」と言うほうがいいですね。

他の表現はコレ！

- **It can't be!**

  「そんなのありえないよ！」

  No way! のほうが少しカジュアルです。ポジティブにもネガティブにもどちらの意味でも使えます。

- **Get out of here!**

  「マジで！？」

  → Q22参照。

  こちらはポジティブなおどろきをメインに使います。

もっと知りたい！

ショックを言葉にしたいときも使えますが、うれしいサプライズを耳にしたときにも使えます。リアクションが大事なので、びっくりしたときはぜひ、力強く発音しましょう。

Q 15

次の3つの会話の答えはすべて同じ
Makes no difference. です。
フレーズの意味を推測しよう。

①

水曜日か金曜日、どっちがいい？

Makes no difference.

②

次の部長は誰だと思う？

Makes no difference.

③

白米を五穀米にする？

Makes no difference.

Makes no difference. の意味は？

どっちでもいいよ。
なんでも変わらないよ。

Makes no difference.
（メイクス　ノゥディファレンス）

こう発音しよう！

makesの最後のsを忘れず発音しましょう。differenceは名詞でディファレンスです。

他の表現はコレ！

- **It makes no difference to me.**

  このように文にすると、きちんとした雰囲気を出せます。

- **I really don't care.**

  「気にならないよ」

  「どっちになっても気にならないよ」ということを伝えたいときに使えます。reallyというクッション言葉を入れることで和らげるニュアンスがあります。

もっと知りたい！

「AとBのどちらを選んでも変わらないなぁ」という状況のときに使えますね。どれになっても影響がないようなときにも使ってみましょう。

「気にしない」はdon't careのほかにdon't mindもよく使われますが少しニュアンスが異なります。I don't mind. はどっちでも気にならないという配慮を感じさせるイメージですが、I don't care. は自分には関係ないという無関心なイメージを与えます。

Q 16 次の3つの会話の答えはすべて同じIt's up to you. です。フレーズの意味を推測しよう。

①

> 今夜、何食べたい？

> **It's up to you.**

②

> 明日の食事会、行ったほうがいいのかな？

> **It's up to you.**

③

> この前の田中さんの提案、せっかくだけど
> 断ろうかと思って。

> **It's up to you.**

It's up to you. の意味は？

016

あなたに任(まか)せるよ。

It's up to you. （イッツ **アップ**トゥユー）

こう発音しよう！

up to youを一息でさらっということが大事ですね。

他の表現はコレ！

- **Depends on you.**

  「それはあなた次第よ」

  最初にItをつけると少しフォーマルになります。

- **Your call.**

  こちらのほうが「決定権はあなたにあるよ」というニュアンス
  が強くなります。

表現をアレンジ！

- **It's totally up to you.**

  「それはまったく君の責任だ」

- **It's not up to you.**

  「あなたが決めることじゃないよ」

もっと知りたい！

「あなたが決めるのよ」と、決断をゆだねるときに使える表現です
ね。また、その人に何かをすることや解決する責任があるということ
を伝えるときにも使います。責任のニュアンスが含まれているのです。

Q 17

次の3つの会話の答えはすべて同じ I'm sorry to hear that. です。フレーズの意味を推測しよう。

①

> 先日、ペットの猫が亡くなってしまいまして。

> **I'm sorry to hear that.**

②

> この前のテスト、ダメでした。

> **I'm sorry to hear that.**

③

> 今朝、財布を落としてしまったんです。

> **I'm sorry to hear that.**

Level 1

I'm sorry to hear that. の意味は?

47

017

気の毒でしたね。

I'm sorry to hear that.
（アィム **ソーリー** トゥーヒアザッ）

こう発音しよう！

あまり急いで言う表現ではないので、ゆっくりていねいに発音しましょう。特にsorryの部分は、のばし気味で残念に感じている気持ちを込めて言いましょう。

表現をアレンジ！

- **I'm sorry to hear about your father.**
  「あなたのお父さんのことを残念に思うよ」
- **I'm sorry to hear about your car accident.**
  「交通事故のことを気の毒に思うよ」

もっと知りたい！

I'm sorry.は「ごめんなさい」という意味で教わることが多いのですが、本来は「目の前にある状況に対して残念に感じている」ということを表現するフレーズです。ですから、例文のように相手の不幸を聞いて返すときに主に使われます。

「残念です」という表現は「残念ながら〜です」と言うときによく使う**I'm afraid.** や「後悔しています」という意味で使う**I regret (that)~.** などがあるので状況に応じて使い分けましょう。

例）I'm afraid I can't.「残念ながらできません」

　　I regret that I cannot attend.「参加できず申し訳ないです」

Q 18

次の3つの会話の答えはすべて同じIt depends. です。フレーズの意味を推測しよう。

① いlook何時に起きるの？

It depends.

② 基本的にどんなお酒でも飲むの？

It depends.

③ 週末はいつも何してるの？

It depends.

It depends. の意味は？

A

018

時と場合によるね。
一概には言えないね。

It depends.（イットディペンズ）

こう発音しよう!

dependsの最後のdsはzの音で「ズ」と発音します。忘れずに発音しましょう。

表現をアレンジ!

うしろにonをつけて、It depends on〜で「〜による」と表現できます。

- **It depends on the day.**
  「日によって違うね」
- **It depends on the weather.**
  「天気によります」
- **It depends on the place.**
  「場所によりますね」

もっと知りたい!

ケースバイケースなことを質問されたときに使える便利なフレーズですね。一概には言えないことってありますよね。

似た表現で、**It's up to you.**（→Q16参照）がありますが、こちらは「あなたに任せますよ」、判断を「どうぞ任せます」といった感じです。It depends. は「その状況によって自分の反応が変わりますよ」というニュアンスを持っています。

Q.19

次の3つの会話の答えはすべて
同じIt's not your fault. です。
フレーズの意味を推測しよう。

①
ごめんなさい。

It's not your fault.

②
がんばってやったんだけど、うまくいかなかった。

It's not your fault.

③
ニーナが来なかったのは、きっと私のせいだわ。

It's not your fault.

Level 1

It's not your fault. の意味は？

019

君のせいじゃないよ。

It's not your fault.
（イッツ**ナッ**　チョアフォルトゥ）

こう発音しよう！

faultは「フォルトゥ」のような音になるのでスペルをそのまま読み上げて「ファルト」にならないように注意しましょう。It's notは一息で、「イッツナッ」という感じで発音しましょう。

他の表現はコレ！

It's not your fault. を言う前に以下の「気にしないで」のフレーズも添えてあげるとさらに優しい言葉をかけてあげることができますね。

- **Never mind!**
「気にしないで」

- **Don't worry about it.**
「そのことは気にしないで」

もっと知りたい！

faultは「あやまち、過失、落ち度」という意味で、直訳すると「それはあなたの責任ではない」です。
notを外して **It's your fault.** にすると「君のせいだ」という意味になります。

LEVEL 2

—

21
Quizzes

どんどん進もう！

どのクイズから解いてもOK!

- Couldn't be worse.
- Hang in there.
- I'd rather not. ...etc

意味がわかるフレーズは
あるかな?

Q 20 最後のセリフは何と言っているか マンガを読んで当ててみよう！

I'm touched. とは何という意味でしょう？！
マンガから推測してみてね。

020

感動した。

I'm touched.（アイム　**タッ**チトッ）

こう発音しよう！

touched の tou を強調しましょう。単語のうしろ、-ed にいくにつれてやわらかくなるように優しく発音します。-ed は「ドゥ」と強くはっきりと発音しないように。軽く「トッ」と言うつもりで発音しましょう。

他の表現はコレ！

● **I'm moved.**

「感動した」という表現としてこの表現を知っている人も多いでしょう。move の「動く」という意味からもわかるように、「（心を）動かされた」、つまり「感動した」となります。度合いとしては move のほうが touch より感動のニュアンスが強くなります。

もっと知りたい！

touch は「触れる」という意味ですので、touched で「心に触れた」というニュアンスでとらえましょう。誰かに何かうれしいことをしてもらったり言ってもらったり、心が温かくなるようなことがあったときに使えます。

Q 21 最後のセリフは何と言っているか マンガを読んで当ててみよう！

Level 2

I won't let you down. とは何という意味でしょう!?マンガから推測してみてね。

021

期待を裏切りません。
全力をつくします。

I won't let you down.
（アイ**ウォン** レッチュダウン）

こう発音しよう!

let you downは一息で、レッチュダウンのように発音しましょう。レット/ユーとならないように気をつけましょう。またwon'tの最後のtもほとんど聞こえないくらいがベストです。リズムで言うと、アイウォン/レチュダウンのような感じです。

他の表現はコレ!

● **Leave it to me.**
「私に任せてください」と責任を負う感じが出てきますね。

表現をアレンジ!

let ＋[人]＋ downで本来は「〜[人]を失望させる」という意味になります。

● **Don't let me down.**
「失望させないでくれよ」

● **You let me down.**
「君には失望されられたよ」
あわせて覚えておくと便利ですよ。

もっと知りたい!

I will do my best.よりも強く、信頼感のあるフレーズです。ビジネスシーンでは特に使ってほしいですね。

クイズタイプ **1** マンガで当てる英語フレーズ！

Q 22

最後のセリフは何と言っているか マンガを読んで当ててみよう！

Level 2

Get out of here! とは何という意味でしょう!?マンガから推測してみてね。

59

022

マジで!? 嘘(うそ)つけ!

Get out of here!（ゲ**ラ**ゥトオブヒァ）

こう発音しよう!

この表現を言うときは表情やトーンが大事。「出ていけ!」という意味で言っていると間違えられないように、おどろいたような表情で言いましょう。Get outを1語のようにGetのtをうしろのout ofとくっつけて「ゲ**ラ**ゥトオブ」のように発音します。

他の表現はコレ!

- **No way!**

    →Q14参照。

- **You serious?!**

    seriousは「本気で」という意味です。

- **No shit!**

    これはきれいな言葉ではないですが仲のいい友達に向かって言うことがよくありますね。

もっと知りたい!

Get out of here!と言えば「出ていけ!」という意味はよく知られていますが、このようにおどろいたときにも使える表現です。とてもフランクな表現なので親しい人同士で使うのがいいですね。
Get outta here!や**Get out!**と略して言うこともしばしばです。

Q 23

最後のセリフは何と言っているか マンガを読んで当ててみよう！

Level 2

Couldn't be worse. とは何という意味で しょう！？マンガから推測してみてね。

023

最悪だよ。

Couldn't be worse.（クドゥンビ　ワース）

こう発音しよう！

Couldn't beをつなげて発音したいので、tの音は息を詰まらせる程度にしましょう。「クドゥンビ」のようなイメージです。

他の表現はコレ！

● **Couldn't be better!**

真逆の表現で「最高だ！これ以上ない！」という意味になります。

もっと知りたい！

「それ以上に悪くはならない」ということで「最悪だ」「最低だ」という意味になります。

How are you?「元気？」と聞かれたときは「私」を表すIをつけて

I couldn't be worse.「最悪よ」

How is your work?「仕事はどう？」と聞かれたときは、Itをつけて

It couldn't be worse.「最悪だよ」

としてもいいでしょう。

Q 24

最後のセリフは何と言っているか
マンガを読んで当ててみよう!

I've heard a lot about you. とは何という意味でしょう!?マンガから推測してみてね。

024

お話は聞いています。
以前から知っていますよ。

I've heard a lot about you.
（アイヴハァード　アロット　アバウチュ）

こう発音しよう！

まずはI've heardを「アイヴハァード」のようにつなげて言いましょう。最後のabout youもつなげて「アバウチュ」のように発音できるとネイティブらしく発音できます。

他の表現はコレ！

● **It doesn't feel like it's the first time we've met.**
「初めて会った気がしないね」という表現です。

もっと知りたい！

友達や同僚からまだ会ったことがない人の話を聞いていて、その人とやっと会えるタイミングが来たときに使えるフレーズですね。「お噂はかねがね聞いています」「お話はうかがっています」というような意味ですね。

I've heard a lot about you.のあとに「from＋[人]」をくっつけると「[人]からお話はうかがっています」の意味になります。

例）I've heard a lot about you from Ken.

　「ケンから（あなたの）お話はうかがっています」

64

25 最後のセリフは何と言っているか マンガを読んで当ててみよう！

Come whenever you like. とは何という
意味でしょう!? マンガから推測してみてね。

いつでも好きなときに来てね。

Come whenever you like.
（カム　ウェネバーユーライク）

こう発音しよう！

Comeとwheneverの間に少しだけ間隔をとると良いでしょう。you likeは一息で言えるようにしましょう。最後のクは母音を入れないで喉の奥から「ク」と息を出すように発音しましょう。

他の表現はコレ！

● **Any time is okay (for me).**
「いつでも大丈夫です」
● **Any time works for me.**
「いつでも都合がいいです」
work は「うまくいく」という意味です。誰にとって都合がいいかどうかはforを使って表現しましょう。
● **Drop by anytime.**
「いつでも立ち寄ってね」
drop byで「立ち寄る」、anytimeで「いつでも」。

もっと知りたい！

wheneverという表現が「いつでも」という意味です。
whenever you likeを覚えておくと、さまざまな表現が使えます。
・**Call me whenever you like.**「いつでも好きなときに電話してね」
・**Message me whenever you like.**「いつでも好きなときにメッセージしてね」

Q 26 最後のセリフは何と言っているか マンガを読んで当ててみよう！

I'm embarrassed. とは何という意味で しょう!? マンガから推測してみてね。

026

恥ずかしい…

I'm embarrassed.（アィム　イムバラスト）

こう発音しよう！

embarrassedがポイントでしょう。少し難しい感じがします
よね。「イムバラスト」のように発音します。アクセントは真ん
中の「バ」に置きます。少し長めの音なので何度も口に出して
さらっと言えるように練習しましょう。

他の表現はコレ！

- **I'm ashamed.**

道徳的に悪いことをしてしまって、「ああ、申し訳ないことを
した、自分が恥ずかしい」と罪悪感があるときに使う表現で、
少し重いイメージがあります。

- **I'm shy.**

主に人前に出て話すことに対して恥ずかしいと感じるときや
初対面の人と話すことに抵抗があるときに使います。「シャイ」
は日本語でも定着している単語ですね。

もっと知りたい！

「ああ、やっちゃった、恥ずかしい」といったようなイメージで、何
かで失敗をしたり、失態をしてしまったときによく使う表現です。

27

次の日本語で正しい英語はどれ？
下のヒントを見て考えてみてね。

（強調して）**本当にありがとう！**

① Thanks a hundred.
② Thanks a thousand.
③ Thanks a million.
④ Thanks a billion.

ヒント

③ Thanks a million.

（**サ**ンクスアミリオン）

こう発音しよう！

thanks のthは軽く舌の先を上の歯に当てて息を吐く感じで発音してみましょう。

他の表現はコレ！

- **Thank you very much.**

これはみなさんもご存知だと思いますが、実はちょっと堅苦しい表現なのでフォーマルなシーンで活躍します。

- **Thanks a bunch!**

bunchは「束、房」の意味で、a bunch of ～はa lot of ～と同じ「たくさんの～」という意味で使われます。

- **Thanks a lot!**

これも定番でよく使われますね。Thank you. よりも少しカジュアルな印象です！

- **TX**

メールやチャットでよく見かけますね！Thanks.の略語です。ぜひLINEやメッセンジャーなどで使ってみてください！

もっと知りたい！

カジュアルな表現です。ポイントはThank you a million.とは言わないことですね。

Q
28
次の日本語で正しい英語はどれ？
下のヒントを見て考えてみてね。

ビックリした！

---

① What a surprise!
② Why a surprise!
③ When a surprise!
④ How a surprise!

Level
2

ヒント

① What a surprise!

（ワッタ　サプ**ラー**イズ！）

こう発音しよう！

what aは1つの単語のようにつなげて発音しましょう。ワッタのような感じですね。おどろいているので、surpriseを大きな声で威勢よく発音しましょう。

表現をアレンジ！

What a〜! というのはおどろいたときに、使えて便利です。

- **What a beautiful woman!**
  「なんと美しい女性！」
- **What a lovely day!**
  「なんといい天気！」
- **What a nice guy!**
  「なんていいやつ！」

もっと知りたい！

この表現は幅広いシチュエーションで使うことができるのでぜひ覚えておきたいですね。サプライズですから、恐怖でびっくりしたものに使うのではなく、ポジティブな内容におどろいたときに使います。怖かった（怖くておどろいた）はscaryを使うので注意。**It was scary!** というように使います。怖いときはscaryを使い、**What a scary story!**「なんて怖い話！」のように使います。

Q 29

次の日本語で正しい英語はどれ？
下のヒントを見て考えてみてね。

試着してみてもいいですか？

① Can I try it off?
② Can I try it at?
③ Can I try it in?
④ Can I try it on?

Level 2

ヒント

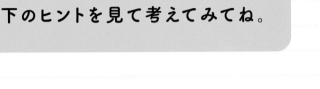

73

④ Can I try it on?

（キャナイ　トゥライットン？）

こう発音しよう！

Can Iはくっつけて「キャナイ」、try it onの3語をくっつけて「トゥライットン？」のように発音しましょう。笑顔で店員さんに話しかけましょう。

他の表現はコレ！

● **Where are the fitting rooms?**
「試着室はどちらですか？」
ダイレクトに試着室の場所を聞くのもいいでしょう。

● **Why don't you try this?**
「これを試してみたら？」
誰かにうながすときにはこう言ってみましょう。

もっと知りたい！

これは定番フレーズなのでご存知の方も多かったかもしれませんね。
試飲や試食したいときには **Can I try this?** と指でその対象を指して言うこともできます。今回の場合は「試着、身につけてみる」が、「体にオンさせる」というイメージから、Can I try it on?と最後にonがつきます。

Q 30

次の3つの会話の答えはすべて同じI can't make it. です。フレーズの意味を推測しよう。

①

あと5分で電車が来るけど、間に合う?

> **I can't make it.**

②

来週のパーティは来る?

> **I can't make it.**

③

一緒に飲もうよ!

> **I can't make it.**

I can't make it. の意味は?

A

間に合いません。
行けません。

I can't make it.（アイ**キャーン**トゥ　メイキッ）

こう発音しよう！

make it は「メイキッ」のように一息で、発音しましょう。
can'tは否定形なので少し長めを意識してみてください。

表現をアレンジ！

● **Can you make it for 7?**

「7時に来れる？」

make itのあとに「for＋時間」をつけて、「○時に来れる？
／間に合う？」ように使うこともできます。

● **I missed the train.**

「電車に間に合わなかった」

「間に合う」の反対はmissを使います。

もっと知りたい！

make it は「（イベントなどに）参加する、出席する、間に合う」
という意味で、さまざまな意味として広く使われる表現です。
make itには「時間通りに到着する」という意味もあるので
表現をアレンジ！ のような使い方もできます。

Q 31

次の3つの会話の答えはすべて
同じThat's for sure. です。
フレーズの意味を推測しよう。

Level 2

①

今年のうちの会社の業績、伸び悩んでる感じだよね。

That's for sure.

②

連休中だし、あのレストラン絶対混んでるよね。

That's for sure.

③

ハナって最近またきれいになったよね。

That's for sure.

That's for sure. の意味は？

たしかにそうだね。間違いない。

That's for sure. （ザッツフォ　ショア）

こう発音しよう！

That's forを一息で発音したいですね。「ザッツフォ」という音に近いです。sureは「ショア」で、唇を前に突き出して息を吐き出します。「スアー」とならないように注意しましょう。

他の表現はコレ！

- **Sure.**

  賛成している表現ですが、カジュアルです。

- **Exactly.**

  同じことを言おうとしていたときに使います。

- **Right.**

  賛成しているかどうかは含まれません。

- **Certainly.**

  とてもていねい。Sureのていねいバージョン。

もっと知りたい！

相手が言ったことに対して、同意・賛同する場合に使う表現ですね。

また、自分の発言に That's for sure.をつけて「これは間違いない」といった意味で使う場合もあります。

Q 32

次の3つの会話の答えはすべて
同じIt's no big deal. です。
フレーズの意味を推測しよう。

① この前は本当にごめんね!

It's no big deal.

② マジで助かった。ありがとう!

It's no big deal.

③ この前、会議出なかったんだって!?

It's no big deal.

It's no big deal. の意味は?

たいしたことないよ。

It's no big deal. （イッツ　ノゥビッグディール）

こう発音しよう！

no big dealを一息でいうのがポイントですが、そうすると bigのgとdealのdの音がぶつかる感じになるので、bigのg をかなり弱めに発音するとちょうどよくなります。

他の表現はコレ！

● **No biggie.**

big dealをさらっと言うと「ビギー」のように聞こえるので、 そこからNo biggie.だけを使うこともあります。かなりカジュ アルな表現ですよね。

もっと知りたい！

big dealとは「重大なこと」を意味して、noと否定することで「た いしたことないよ」という意味になります。相手に過剰に感謝され たり謝られたりした場合に、謙虚な姿勢で使うといいですね。また、 「あんなことして大丈夫なの？！」と心配されたときに「たいしたこ とないよ」と返すときにも使えます。

It's not a big deal. と言ってもOKです。その場合はaを忘れ ずに！

33

次の3つの会話の答えはすべて同じ
It won't happen again. です。
フレーズの意味を推測しよう。

①

この前も遅れてきて、今日も遅刻じゃない！

It won't happen again.

②

LINE読んだのなら返事してよねー。

It won't happen again.

③

もう少し、ちゃんとやってほしいな。

It won't happen again.

Level 2

It won't happen again. の意味は？

二度と起こらないようにします。

It won't happen again.
（イット **ウォント** ハプナゲイン）

こう発音しよう！

won'tは「ウォント」と発音します。ここを強調しましょう。againは「アゲイン」で、「アゲーン」とならないようにaiを明確に「エイ」と発音しましょう。happenのnとagainのaをくっつけて「ハプナゲイン」と言うといいですね。

他の表現はコレ！

● **I'll be more careful.**

「今後さらに気をつけます」

moreを入れることによって、「今以上に気をつけます」というニュアンスになりますね。

● **I'll do better next time.**

直訳すると「次はもっとうまくやります」という意味になります。相手を失望させてしまい、反省を示すときに使えます。

もっと知りたい！

謝罪のフレーズですね。「同じことはもう繰り返さない」と言いたいときの定番フレーズ。「それは2度と起こらない」と It で始めるのがポイントですね。I'm sorry. を前につけて、**I'm sorry. It won't happen again.** と言うこともあります。

034

彼ってケチだよね。

He is stingy. （ヒーズ　ス**ティ**ンジー）

こう発音しよう!

stingyのtにアクセントをつけて発音しましょう。最後は「ジー」で「ギー」にならないように気をつけて発音してくださいね。

他の表現はコレ!

- **Cheapskate!**

「ケチ!」と相手に言いたいときに使えるフレーズ。発音はチープスケイトです。

- **Don't be so stingy.**

「そんなケチケチするなよ」

- **A Scrooge.**

『クリスマス・キャロル』の主人公エベニーザ・スクルージから由来していると言われています。

もっと知りたい!

stingyは「ケチな」という意味でひんぱんに使われるので、押さえておきたいですね。

その逆で金遣いがあらい人には、**spendthrift** という単語を使います。spendthriftの発音はカタカナで書くと「スペンドスリフト」という感じで、thの発音は舌先を上の歯に軽く当てて息を吐き出すように発音しましょう。

例）She is a spendthrift.「彼女は金遣いがあらい」

Q 35 次の3つの会話の答えはすべて同じIt's so depressing. です。フレーズの意味を推測しよう。

① 明日からまた仕事だねー。

It's so depressing.

② また上司に、怒られたよ。

It's so depressing.

③ 外、まっくらで今にも大雨がふりそうだね。

It's so depressing.

It's so depressing. の意味は？

Level 2

85

035

気が滅入るね。ゆううつだね。

It's so depressing.
（イッ**ソー**ディプレッスィング）

こう発音しよう！

depressing の de は「ディ」という音で、「デ」にならないように注意しましょう。ゆううつの度合いを強調したいときは、so を強めに発音しましょう。

他の表現はコレ！

- **I'm feeling down today.**
  「今日は気分が落ちてるの」
  気分が乗らないときに使えるフレーズですね。

- **I feel like I'm hopeless.**
  「希望がないような気がする」
  hope「希望」が less「ない」という意味で、気分が落ち込んでいるようなイメージが伝わりますね。

もっと知りたい！

depress という単語は「下にぐいっと押し下げる」という意味を持っているので、「気分を押し下げる」から「ゆううつにさせる、気分を滅入らせる」という意味も持っています。また、経済用語の **economic depression**「不景気」にも depression が使われていますね。

Q
36

次の3つの会話の答えはすべて
同じHang in there. です。
フレーズの意味を推測しよう。

①

最近忙しくて、なかなか休みがとれないん
だよね。

Hang in there.

②

彼女と別れちゃったんだ。

Hang in there.

③

今回の試験もうまくいく気がしないな。

Hang in there.

Hang in there. の意味は？

Level
2

036

がんばれ！ ふんばれ！

Hang in there. （ハンギン ゼァ）

こう発音しよう！

Hang inを一息で言いましょう。「ハンギン」というようにくっつけて言うといいですね。Hangのaは少し横に口を引っ張るように言いましょう。

他の表現はコレ！

「がんばって」の表現を比べてみましょう。

- **Good luck.**
  新しいことを始めるときに使います。
- **Keep it up!**
  良いことをやって「それを続けてね！」というときに使います。
- **Hang in there.**
  もうすでに行っていること、何かの途中のときに使います。

もっと知りたい！

何か悩んでいる人や困った状況にある人を励ますときや、辛いに状況にある人に向かって「がんばれ」「あきらめるな」という励ましの言葉を投げかけるときに使えるフレーズです。

それ以外にも以下のような使い方もできます。

How are you?「元気？」

I'm hanging in there.「なんとかね」

「なんとかしがみついている、なんとかやってるよ」という意味です。

Q 37

次の3つの会話の答えはすべて
同じAre you serious? です。
フレーズの意味を推測しよう。

①

ジョンと別れることにしたんだ。

Are you serious?

②

これ、セールで80%OFFだったんだ！

Are you serious?

③

来月、ロンドンに転勤になったんだ！

Are you serious?

Level 2

Are you serious? の意味は？

037

本気で？　まじで？

Are you serious?（アーユー　**シ**リアス？）

こう発音しよう！

　おどろいていることを伝えるフレーズですから、文末にかけてトーンを高くしていくようにserious（**シ**リアス）を強調しましょう。

他の表現はコレ！

- **Seriously?**

　この1語でもOKです。

- **What the hell!?**

　これもおどろきの表現ですね。「まじかよ！」「信じられない！」「は!?」など、おどろきだけでなく怒りや感動などを表すときにも使われます。

- **No way!**　→Q14参照。
- **Get out of here!**　→Q22参照。

もっと知りたい！

「それ、真剣に言っているの？」と耳を疑いたくなるときにとっさに出てくると良いフレーズ。Really? よりももっと大きくおどろいていることが伝わります。

Q 38
次の3つの会話の答えはすべて同じI'd rather not. です。フレーズの意味を推測しよう。

①

今夜の飲み会、来る？

I'd rather not.

②

さぁ、次はクラブでも行くか！

I'd rather not.

③

昨日の夜、何があったのか説明してくれない？

I'd rather not.

I'd rather not. の意味は？

Level 2

038

遠慮しておきます。

I'd rather not. （アイドゥ　ラザ**ナ**ット）

こう発音しよう！

rather notは「ラザナット」のようにつなげて発音しましょう。ratherのtheは舌の先を軽く上の歯にあてながら「ザ」と発音するのがポイントですね。

他の表現はコレ！

I'd rather not.は誘いに乗る気持ちがそもそもないときに使う、カジュアルな表現です。

- **I will pass.**

  「遠慮します」

- **I'd rather not say.**

  「言いたくありません」

- **I'd like to, but no thanks.**

  「そうしたいですが、結構です」

- **I'm afraid I can't.**

  「残念ですが、できません」

下の2つは「誘いに乗りたいけれど、断る」ときに使います。上司や目上の人にはこちらを使いましょう。

もっと知りたい！

何かに誘われた際にI dont' want to.やNo, I don't.と言うと直接否定して少し語気が強くなってしまいますが、I'd rather not.であれば少し遠回しに、やんわりと否定することができます。

クイズタイプ 3 答え推測 英語フレーズクイズ！

Q 39

次の3つの会話の答えはすべて
同じThat was close!です。
フレーズの意味を推測しよう。

Level 2

① 彼のことを元彼の名前で呼びそうになっちゃった。

That was close!

② （サッカー観戦中に）今の入ったと思ったー！

That was close!

③ 今日のお昼、ラーメン食べたでしょ。

That was close!

That was close! の意味は？

93

危なかったね！　惜しい！

That was close.（ザットワズ　クロゥス）

こう発音しよう！

closeのoは伸ばさずに、口を軽くとがらせて「オゥ」です。意識して発音しましょう。また、closeはここでは形容詞なので「クロゥス」で、「クロゥズ」ではないので注意です。（動詞だと「クロゥズ」）。

他の表現はコレ！

- **Almost!**

「惜しい！」

これもスポーツでよく聞きますね。ゴールが入りそうだったのにギリギリ入らなかった、というようなときに言う「惜しい！」です。

もっと知りたい！

「（主に危険なことや、好ましくないことに）もう少しで遭遇しそうだった」と言うときに使います。またスポーツを観戦していて「惜しい！」と使うこともあります。ポジティブでもネガティブでも「ほぼそうなりかけていた」というニュアンスを強く出せますね。

Q 40

次の3つの会話の答えはすべて同じSo far, so good. です。フレーズの意味を推測しよう。

①

あれから調子はどう？

So far, so good.

②

最近始めたオンライン英会話、毎日やれてる？

So far, so good.

③

A社との商談の進み具合を教えてくれ。

So far, so good.

So far, so good. の意味は？

今のところ順調だ。

So far, so good. （ソゥファー　ソゥグーッド）

こう発音しよう!

soが2回登場しますが、soは「ソー」とのばすのではなく「ソゥ」なので意識して発音するようにしましょう。

他の表現はコレ!

- **All good so far.**
  「今のところすべてうまくいっているよ」
- **Okay for now.**
  「今のところ大丈夫だよ」
  for nowで「今のところ」の意味です。

もっと知りたい!

現状確認をされたときの返答として使える表現ですね。**So far, so good?**「今のところ順調?」と疑問文にすることもできます。疑問形なので発音するときは語尾を上げて言いましょう。

LEVEL 3

—

20
Quizzes

だんだん慣れてきたかな？

どのクイズから解いてもOK!

- Can't complain.
- You made my day.
- Can I be excused? ...etc

意味がわかるフレーズは
あるかな?

41

最後のセリフは何と言っているか
マンガを読んで当ててみよう!

I'm stuck. とは何という意味でしょう!?
マンガから推測してみてね。

Level

3

行き詰まった。

I'm stuck. (アィム スタック)

こう発音しよう！

stuckのtを強調して発音してみましょう。

表現をアレンジ！

- **I'm stuck in a heavy traffic.**
 「ひどい渋滞で動けない」
- **I'm stuck on these documents.**
 「この書類に少し困っています」
- **I'm stuck on him.**
 「彼のこと好きになっちゃった」
 onはくっついているというイメージを持つのでonのあとに人を入れると、「彼に心がくっついた」、「好きになる」となります。
- **I'm stuck with him.**
 「彼とは腐れ縁なの」
 withは手をつないでいるイメージから、つないだ手が離せないことが伝わってきますね！

もっと知りたい！

stuckは動詞stickの過去分詞形。stickは「くっつける、離れない」などの意味があります。そこからstuckは「動かない、抜け出せない」という意味で使われます。

Q 42

最後のセリフは何と言っているか
マンガを読んで当ててみよう！

Level 3

You lost me. とは何という意味でしょう！？
マンガから推測してみてね。

042

言っていることがわかりません。

You lost me.（ユー **ロ** ストミ）

lostのloにアクセントを入れて発音しましょう。最後のtは聞こえないくらい軽く、「ロストミ」というように発音してみましょう。

● **I don't get it.**

ここでのgetは「理解する」という意味で、シンプルに「わかりません」というフレーズ。

● **I have no idea.**

アイデアが自分の中にゼロであると言うことから、質問や状況に検討もつかないときに「全然わからないよ」という意味になります。I don't know. よりも強い感じが出ますね。

● **Can you explain it again?**

「もう一度説明していただけますか？」

You lost me. と言ったらさらに続けてこのようにたずねてみましょう。

「言っていることがわからない」や「話についていけない」というシーンで使えます。「あなたは私を途中で見失ってしまっていますよ、ついていけていませんよ」というようなニュアンスですね。

Q 43 最後のセリフは何と言っているか マンガを読んで当ててみよう！

Can't complain. とは何という意味でしょう！？マンガから推測してみてね。

悪くないよ。

Can't complain. (**キャーント　コンプレイン**)

complainが難しいかもしれませんね。シンプルにカタカナ英語で「コンプレイン」と言うのと同じ感覚でOKです。

- **It's okay.**

「いいんじゃない」

まったく問題がないわけではないけれど「おおむねいいよ」という感じです。中間より少し上というイメージですね。

みなさんご存知のso soにも近いですが、so soは50/50のイメージです。

complainというのは「不平を言う」という意味です。それができないと言うことから、「まあ悪くはない」「不満は言えない」という意味で使われます。実際にはポジティブなニュアンスが含まれます。主語をつけて、**I can't complain.** と言うこともあります。たとえば、「最近仕事どう?」と聞かれて、「まぁ、悪くはないかな」と言うときにI can't complain. と言うことができます。

44 最後のセリフは何と言っているか マンガを読んで当ててみよう！

Don't trouble yourself. とは何という 意味でしょう!?マンガから推測してみてね。

044

どうぞお気遣いなく。

Don't trouble yourself.
（**ド**ントラボー　ユァセルフ）

こう発音しよう!

Don'tのtは聞こえないくらい、軽く舌を弾く感じで発音しましょう。Don't trouble「ドントラボー」とyourself「ユァセルフ」のように区切って言うといいですね。

他の表現はコレ!

● **Don't bother yourself.**

botherは「人を悩ませる、困らせる」という意味なので、上記のDon't trouble yourself. と似たような意味になります。

● **Don't bother.**

こちらのほうがカジュアルな表現として使えますね。

もっと知りたい!

友人の家に招待されて、友人が飲み物や食べ物などをたくさん出してくれるときに「どうぞお気遣いなく」と言いたくなりますよね。そんなときに使えるフレーズです。

Q 45

最後のセリフは何と言っているか
マンガを読んで当ててみよう！

Level 3

I'm still working on it. とは何という
意味でしょう!?マンガから推測してみてね。

045

まだ取り込み中です。

I'm still working on it.
（アイム スティル **ウォーキン** オニッ）

こう発音しよう！

on itの2つの単語を切ることなく、1つの単語のようにつなげて発音すると聞き取りやすくなります。「オニッ」のような感じです。

他の表現はコレ！

● **I'm not done yet.**

「まだ終わってないよ」ということを伝えるフレーズですが、少し休憩を取りながらもまだ終わりには来ていないことを伝えられます。

● **I'm still at it.**

I'm still working on it. と同じで、今まさに取りかかっているところです。

もっと知りたい！

「取りかかっている最中です」や「やっている最中です」という意味を持つフレーズです。ウェイターさんがお皿を下げに「食べ終わりましたか？」と言いに来たときの答え方として覚えておきたいですね。

Q 46

最後のセリフは何と言っているか
マンガを読んで当ててみよう！

I'm broke. とは何という意味でしょう!?
マンガから推測してみてね。

046

一文なしだ。

いちもん

I'm broke. (アィム **ブロ** ゥク)

こう発音しよう!

brokeのrの音は少し意識して軽く舌を巻いて発音しましょう。brokeのoは「オゥ」なので「オー」とのばさないように注意しましょうね。

他の表現はコレ!

- **I'm low on cash.**

  「現金が(手持ちが) 少ない」

  low on 〜 は「〜が少ない」という意味です。

- **I'm busted.**

  「金欠だ」

  「(ギャンブルなどでお金を使い果たして) 金欠だ」というときに使います。

- **I'm skint.**

  イギリスでよく使われるスラングです。

もっと知りたい!

「金欠なんだよね」と言うときに使用します。I don't have money. よりもネイテイブらしい表現です。

Q47 最後のセリフは何と言っているか マンガを読んで当ててみよう！

Cross your fingers. とは何という意味で
しょう！？マンガから推測してみてね。

047

幸運を祈ってね。

Cross your fingers.
（クロスヨァ　フィンガーズ）

こう発音しよう！

「クロスヨァ」と「フィンガーズ」のあいだにポーズをおいてリズムを作って発音してみましょう。3か所rの音が入っていますからそれぞれ軽く舌を巻いた感じで言えるとバッチリですね！

他の表現はコレ！

- **Wish me luck.**

 「うまくいくように祈ってね」

 Good luck.「がんばってね（幸運を祈っている）」とは立場が逆のときに使えますね。

もっと知りたい！

Questionのマンガのイラストにあるように（p.111）人差し指と中指を重ねて十字をつくることで「幸運を祈る」という意味をあらわします。そこから「幸運を祈るよ」という意味として生まれた言葉です。このジェスチャーをしながら言うことが多いフレーズです。
I will cross my fingers for you.「あなたのために祈るよ」という言い方もあります。

Q 48

最後のセリフは何と言っているか
マンガを読んで当ててみよう！

What a coincidence! とは何という意味
でしょう！？マンガから推測してみてね。

048

なんという偶然！

What a coincidence!
（ワッタ　コインスィデンス！）

こう発音しよう！

what aはくっつけて発音します。「ワッタ」のように聞こえます。coincidenceは「コインスィデンス」と発音します。少し長くて覚えにくいかもしれませんが、繰り返し練習すればすぐに言えるようになるはずです。最後語尾は力強く、驚いていることを表現しましょう。

他の表現はコレ！

● **Fancy meeting you here.**

道を歩いてたまたま知り合いにばったり会ったときに、「こんなところで会うなんてすごいね！」ということを伝える表現です。

もっと知りたい！

「奇遇だね」「偶然だね」と言うときによく使われるフレーズです。what a 〜！でおどろきを示す表現だということは前にもやりましたね。**What a surprise!** → Q28参照。

49 次の英語で正しい日本語はどれ？
下のヒントを見て考えてみてね。

Are you used to Japanese food?

① 日本食は使い勝手がいいですか？

② 日本食は慣れましたか？

③ 日本の食材を使ったことがありますか？

④ 日本の食べ物はよく食べますか？

ヒント

Japanese food
は日本食。
Are you used to~?
…は？

049

② 日本食は慣れましたか？

Are you used to Japanese food?
（アーユー　ユーストゥ　ジャパニーズフードゥ）

こう発音しよう！

Are youとused toをセットで発音するような気持ちで言いましょう。特にused toは「ユースド・トゥ」とにごらないように、音をくっつけて、「ユーストゥ」のように発音しましょう。

表現をアレンジ！

● **Are you used to driving?**
「運転に慣れましたか？」
● **Are you used to making eye contact?**
「コンタクトには慣れましたか？」
● **Are you used to the subway system?**
「地下鉄には慣れた？」

もっと知りたい！

get used toで、「〜に慣れる」という表現を学校で習った方は少なくないのではないでしょうか。be used toになると「〜に慣れている」という意味で、今回は疑問文でしたが肯定文に戻すと、
I'm used to Japanese food.　「日本食に慣れました」
となります。
さらに、used toもあります。これは「かつては〜していた」という意味です。be動詞があるかないかで大きく意味が違ってきますね。

50 次の英語で正しい日本語はどれ？下のヒントを見て考えてみてね。

You made my day!

① あなたに1日あげるよ！

② あなたのおかげでいい日になった！

③ 時間を作ってくれてありがとう！

④ 1日を台なしにしてくれたな！

Level 3

ヒント

直訳は…「君が僕の1日を作ってくれた」

117

050

② あなたのおかげでいい日になった！

You made my day! (ユー　**メイド**　マイディ)

こう発音しよう！

you / made / my day のように区切って my day をひとかたまりで発音しましょう。少し made を強調するとさらに良いですね。

表現をアレンジ！

- **You really made my day!**

  強調して使いたいときは、really を加えてみましょう。

- **Your message made my day!**

  たとえば、友人からうれしいメッセージをもらったら、その返信の最後にこのように書くのも素敵ですね（You という主語を Your message に変える）。

もっと知りたい！

楽しかった日の最後に感謝の気持ちを表せます。直訳は「あなたが私の1日を作ってくれた」で、誰かのおかげで幸せな気分になったり、励まされたりしたときに便利なフレーズですね。うれしいことをしてもらって幸せな気分になったときに You made my day! と言って感謝の気持ちを伝えてみましょう。

Q 51

次の日本語で正しい英語はどれ？
下のヒントを見て考えてみてね。

> （どうしようと迷っている人に）
> # 自分を信じて！

① Make your heart.
② Follow your heart.
③ Take your heart.
④ Send your heart.

ヒント

Level 3

119

051

② Follow your heart.

（フォロー　ヨァ　ハート）

こう発音しよう!

　heartのrは、舌の先を内側に軽くまいて、口のどこにも触れずに「ア」と「ル」の間のような音を出し、tは、舌の先を、前歯のすぐ裏の歯茎に軽くつけます。rの舌の形のまま息を止めた状態から、一気に「トゥ」と息を破裂させるように発音しましょう。これがカタカナ英語にならないポイントです。

他の表現はコレ!

● **Believe in yourself.**

　「自分を信じて」としてはこの表現もあります。これはどちらかというと「自分の能力を信じて」という意味で、落ち込んでいる人や何かに不安な人を励ますときに使います。何かの選択に迷っている人を後押しする意味があるFollow your heart.よりも深刻な感じがしますね。

もっと知りたい!

「こっちにしようか、それともこっちにしようか、どうしよう」と悩んでいる人にかけてあげたい表現です。2005年にスティーブ・ジョブズがスタンフォード大学の卒業式で行ったスピーチで使ったことでも有名ですね。followは「～についていく」で、your heart「あなたの心（考えや気持ち）」です。

Q 52 次の英語で正しい日本語はどれ？
下のヒントを見て考えてみてね。

Make up your mind!

① メイクして！
② 気持ちを落ち着かせて！
③ 決めて！
④ 片づけて！

ヒント

mindは「考え」というような意味にもなるので、「俺を作る」と考えてもいいかもしれませんね。

052

③ 決めて！

Make up your mind!
（メイキャップ　ヨァマインド）

こう発音しよう！

make upの2語は1語のようにつなげて発音しましょう。「メイキャップ」のような感じの音になります。

他の表現はコレ！

● **Make a decision.**

似たような表現ですが、これはどちらかというと結論を出すところに焦点が置かれています。一方でMake up your mind! は「頭の中にあるものをまとめて！」というイメージがあるので、思考の整理に焦点があると言えますね。

もっと知りたい！

決断を迫られているのに、迷ってしまってなかなか決められないときってありますよね。そんなときに相手に意思決定をうながす場合のフレーズです。相手の優柔不断な感じにちょっとイライラしているときにもよく使いますね。

例）**I can't make up my mind.**「自分では決められない」

　　You should make up your mind.「あなたは決心すべきだ」

より深刻な話題で相手の決断をうながすならば、You shouldをつけましょう。

Q 53

次の3つの会話の答えはすべて
同じI'm all for it! です。
フレーズの意味を推測しよう。

①

明日のランチはピザにしない？

> **I'm all for it!**

②

この企画、なかなかおもしろいと思わない？

> **I'm all for it!**

③

あさってのテスト、サボろうかな・・・

> **I'm all for it!**

I'm all for it! の意味は？

Level 3

123

大賛成！

053

I'm all for it. (アイム **オール** フォーイッ)

こう発音しよう！

「大賛成！」という意味のフレーズなので、勢いが大事ですね。スパッと言うのがポイント。最後のキレをよくするためにも it が「イット」とならないように、「イッ」くらいのイメージで勢いをつけて言いましょう。

表現をアレンジしよう！

● **I'm for it.**

allをとって、I'm for it.とすれば、「賛成！」という意味になります。

● **I'm all for your idea.**

「あなたのアイデアには大賛成です。」

itをより具体的にするために、forのあとに名詞を入れることもできるので、慣れてきたら少しアレンジしてみましょう。

もっと知りたい！

I couldn't agree more!（→Q84参照）という表現もありますが、こちらはどちらかというと、よりカチッとしたフォーマルなフレーズの印象があります。I'm all for it!のほうが日常的なフレーズですね。

Q
54

次の3つの会話の答えはすべて
同じNo sweat. です。
フレーズの意味を推測しよう。

①

昨日の面接、どうだった？

No sweat.

②

これを明日までに仕上げてくれない？

No sweat.

③

手伝ってくれてありがとう。

No sweat.

No sweat. の意味は？

お安いご用だよ。
問題ないよ。

No sweat.（**ノゥ** スウェット）

こう発音しよう！

Noは「ノー」とのばすより、「ノゥ」としたほうが正しい発音なのでちょっと意識してみましょう。sweatのeaは「エ」と発音します。「スウェット」というカタカナが近いですね。sweet（スイート）と読まないように注意しましょう。

他の表現はコレ！

- **No problem.**

  「問題ないよ」

  同じ意味で、こちらはみなさんもご存知でしょう。

- **It's not a big deal.**

  big dealは直訳すると「大きな取引」ですが、そこから意訳して「重大なこと」という意味として使われます。（→Q32, p.80 参照）

もっと知りたい！

sweatは「汗」という意味です。その他に「骨の折れる仕事」という意味もあり、No（ない）＋ sweat（骨の折れる仕事）＝たいしたことはない、となります。

たとえば、誰かを手伝った後に感謝されたりしたら「お安いご用です」「たいしたことないよ」などと返したいときに使えますね！

Q 55

次の3つの会話の答えはすべて
同じI'll say. です。
フレーズの意味を推測しよう。

①

（空を見上げて）雨がふりそうだね。

I'll say.

②

この前の試合、残念だったね。

I'll say.

③

このパン、めちゃくちゃおいしくない？

I'll say.

I'll say. の意味は？

055

そのとおり。

I'll say.（アイル　セーイ）

こう発音しよう！

フレーズがそもそも短いのであまり難しくないでしょう。あえて言うならば、I'llは短く、sayのほうを気持ち強く、「セーィ」のように言うのがポイントです。

他の表現はコレ！

● **Totally. / Absolutely. / Indeed.**

同意を表す表現で、短いものだとこれらの表現もよく耳にしますね。

● **You're absolutely right.**

「(相手の発言に対して) まったく言うとおりだ」

● **I totally agree with you.**

もう少しかっちりと言うならば、このような表現もあります。たとえば、「今回のプロジェクトうまくいきそうだよね」と社長に言われたときに、I totally agree with you.「まったく同感です」と返します。

もっと知りたい！

「まさに同じことを言おうとしてたのよ！」というニュアンスでしょう。I'll say.はどちらかと言うと距離感の近い人に使うのに適しています。上司や取引先など少し距離感が遠い人との会話ではI totally agree with you.などのほうが適していると言えるでしょう。

Q. 56

次の3つの会話の答えはすべて同じI'm sold. です。フレーズの意味を推測しよう。

① この時間だとあの道は混んでそうだから、こっちから行かない？

I'm sold.

② あさっての飲み会、トムも来ることとなったみたいだし、来たほうがいいんじゃない？

Okay, I'm sold.

③ 今日は天気が下り坂らしいから、買い物は明日にしない？

Alright, I'm sold.

I'm sold. の意味は？

056

そうしようか。
納得しました。

I'm sold.（アィム　ソゥルドゥ）

こう発音しよう！

soldのoは「オゥ」と発音しましょう。最後の「d」は「ド」ではなく「ドゥ」となるようにやさしく発音してみましょう。

表現をアレンジ！

- **I'm completely sold.**

  「完全に納得しました」

  強調したいときはcompletelyをつけてみましょう。

- **I'm sold on his idea.**

  「彼のアイデアに納得しました」

  納得した対象を示したいときはI'm soldのうしろにonをつけて、さらにonのうしろに対象（ここではhis idea「彼のアイデア」）を持ってきましょう。

もっと知りたい！

相手の勧誘や説明や提案に返答するときに使うフレーズです。sellという単語は「(相手を)納得させる」といった意味もあるのです。そこから受け身にして「納得しました」という意味で使われます。日常会話でもビジネスでも使える万能なフレーズです。

Q 57

次の3つの会話の答えはすべて同じ
Can I be excused? です。
フレーズの意味を推測しよう。

① （会議中に電話が鳴っている人に） 携帯が鳴っていますね。

Can I be excused?

② （授業中にトイレに行きたくなって、もじもじしている人に） 大丈夫ですか？

Can I be excused?

③ （食事中にシャツを汚してしまって）

Can I be excused?

Can I be excused? の意味は？

Level 3

057

ちょっと失礼してもいいですか?

Can I be excused?
（キャナイビー　エクスキューズドゥ？）

こう発音しよう！

Can I be（キャナイビー）/ excused（エクスキューズドゥ）？ というリズムになるように、最初の3語は一気に言いましょう。文末のイントネーションを上げて発音してみましょう。

他の表現はコレ！

● **Excuse me.**

許可を問うのではなく「ちょっと失礼します」と断言しています。

表現をアレンジ！

● **Can I be excused for a minute?**

すぐ戻ることを強調したいときは、for a minuteをつけると「1分ほどで（すぐに）戻ります」という、急いでいるニュアンスが加わります。厳密に1分でなくてもOKです。

もっと知りたい！

Excuse me. はみなさんご存知ですね。excuse は「許す」という意味で、直訳すると「私を許してください」、つまり「ちょっと失礼します」。Can I be excused? とすると「私を許していただけますか？」が直訳。会話の途中や食事や授業など何かしている最中に使うと、「私の途中退出は許されますか？」という退出許可を求めるていねいな言い方になります。

Q 58

次の3つの会話の答えはすべて
同じCome again? です。
フレーズの意味を推測しよう。

① ジェシカが入院してるんだって。

Come again?

② ケイコが結婚したんだって。

Come again?

③ (ぼーっとしていて聞き取れなくて)

Come again?

Come again? の意味は?

え、なんて？

Come again? （**カム**アゲイン？）

こう発音しよう！

comeを強めに発音しましょう。疑問文なので、againは語尾をあげて言いましょう。

他の表現はコレ！

- **Could you say that again?**

これはフォーマルな聞き方なので、ビジネスや見知らぬ人との間ではこちらのほうがいいでしょう。

- **Sorry?**

聞き取れなかったときには、この1語でOKです。使いやすいですね。語尾を上げて言いましょう。

もっと知りたい！

相手の言っていることが聞き取れなかった場合や相手の言ったことが信じられない場合などに、「え、もう一度言って？」という意味で使います。この場合は、Come again? と疑問文で通常、語尾を上げて発音します。とてもカジュアルな言い方です。

Q 59

次の3つの会話の答えはすべて同じIt can't be helped. です。フレーズの意味を推測しよう。

①

ローラが残業で来れなくなったんだって。

It can't be helped.

②

すみません。 道中、事故があって遅れてしまいそうです。

It can't be helped.

③

携帯が壊れて連絡が遅くなってしまいました。

It can't be helped.

It can't be helped. の意味は？

Level

3

A

どうしようもないね。
仕方ないね。

It can't be helped.
（イッ**キャント**ビー　ヘ ル プ ト）

こう発音しよう！

can't beを一息で。「キャントビー」ではなく、「キャント
ビー」くらいに「ト」を小さく、さらにtの音は母音をいれな
いように意識して発音しましょう。

他の表現はコレ！

- **It's out of my hands.**

    直訳は「自分の手の中にない」で「自分ではどうしようもな
い」という意味になります。

もっと知りたい！

そもそもは「救いようがない」という意味で、そこから困難な状況
や不快な状況に直面して解決策がないような場合に使うようになり
ました。どうにもできないような、能力を超えている場合に使うの
で、むやみに言うと無責任だと思われるかもしれないので注意しま
しょう。
helpはcanやcan'tとくっついて「〜を避ける（避けられない）、防ぐ
（防げない）」の意味になります。

Q 60 次の3つの会話の答えはすべて同じThat's my line. です。フレーズの意味を推測しよう。

① お会いできてよかったです。

That's my line.

② 今日履いてる靴、めちゃかわいいね。

That's my line.

③ いつもよくしてくれて本当にありがとう。

That's my line.

That's my line. の意味は？

それは私のセリフ！

That's my line. （ザッツ**マィ**ライン）

こう発音しよう！

lineはLの発音なので舌先を上の歯の後ろに当ててから離しながら「ラ」を発音してクリアに言いましょう。「私のほうこそ」という意味のなのでmyを少し強く言ってもいいですね。

他の表現はコレ！

● **That's exactly what I am trying to say.**

「まさに私が言おうとしていることです」

相手がこちらの言っていることを確認してきたときなどに「そのとおりだ」と伝えたいときに使えますね。

● **Right back at you.**

「ライトゥバカッチャ」のように発音しましょう。

「私もそう思っているよ」というときに使える表現ですね。うれしい言葉を言われたとき、うれしくない言葉を相手に押し返すときにも使えます。

もっと知りたい！

lineには「線」という意味以外に、「セリフ」という意味があります。Quesionにあるような良い文脈で言うときも、悪いときも使えます。悪い意味で使える例文は以下です。

例）A: もう連絡してこないで。　B: That's my line.

　　A: こうなったのはあなたのせいよ。　B: That's my line.

LEVEL 4

—

24
Quizzes

半分を超えたね！あと少し！

どのクイズから解いてもOK!

- I lost my touch.
- Hold your horses.
- I couldn't agree more. ...etc

意味がわかるフレーズは
あるかな?

61 最後のセリフは何と言っているか マンガを読んで当ててみよう！

Count me in! とは何という意味でしょう！？
マンガから推測してみてね。

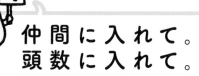

061

仲間に入れて。
頭数に入れて。

Count me in!（カウンミーイン）

こう発音しよう！

これは、リズムが大事ですね。count/me/inとバラバラにならないように一息で、「カウンミーイン」のようにmeとinはつなげて言ってみましょう。countのtは音として聞こえないくらいでOKです。

他の表現はコレ！

- **Can I join you?**

「私も参加していい？」

もう少していねいに言うときは、こう言ってみてもいいでしょう。

- **(Please) join us.**

「君も入りなよ！」

誰かを誘いたいときに使うと「一緒に行こうぜ、やろうぜ！」のように、ノリよく誘うことができます。

もっと知りたい！

何かの組織や会合に入りたいときや参加したいときに使用します。ただし、ノリのいいカジュアルな表現なので、かたい場にはあまり向いていません。

62

最後のセリフは何と言っているか
マンガを読んで当ててみよう！

Act your age. とは何という意味でしょ
う！？マンガから推測してみてね。

ちゃんとして！

Act your age.（アクト　ヨァ　エィジ）

こう発音しよう！

actのaは口を大きく開けて「ア」の発音をしましょう。age
のaは「エィ」という発音なので気をつけましょう。

他の表現はコレ！

- **Stop being childish.**

childishという単語も覚えておきしょう。child「子ども」+ish
「〜みたいな」から、「子どもっぽい」という意味になります。
beingはここでは「振るまう」のような意味で、「子どもみたい
に振るまうのはやめて！」となります。

もっと知りたい！

actは「振るまう」でageは「年齢」ですよね。そこから、「年齢
に適した振るまいをする」ように「ちゃんとして」と注意するときに
使えるフレーズ。つまり「年相応に振るまいなさい」という意味で
す。

Q 63

最後のセリフは何と言っているか
マンガを読んで当ててみよう！

Level 4

I'm all ears. とは何という意味でしょう！？
マンガから推測してみてね。

063

ちゃんと聞いてるよ！ すごく聞きたい！

I'm all ears.（アィム **オール** イァーズ）

こう発音しよう！

全身を耳にしていることを強調するためにも、allを強調してみましょう。

他の表現はコレ！

- **I want to hear all about it!**

「それについてあれこれ聞きたい」という意味ですがI'm all ears.のほうが「早く知りたい！」というニュアンスが強くなります。

- **She was all ears.**

「彼女は聞き耳を立てていた」のように使うこともできます。

- **I'm listening.**

I'm all ears.は、聞きたい気持ちを伝えるときのみに使いますが、I'm listening.は「とりあえず聞いてますよ」と乗り気でないときにも使われることがあります。

- **I'm curious.**

これは「興味津々ですよ」といったニュアンスを持ちますね。

もっと知りたい！

「体全体が耳になるくらい聞いています」という意味で、つまり「しっかり聞いているよ」「熱心に耳を傾けるよ」。また、そこから転じて「早く聞かせて！」というニュアンスがあります。

64

最後のセリフは何と言っているか マンガを読んで当ててみよう！

I'm on edge. とは何という意味でしょう!?
マンガから推測してみてね。

緊張するー。
ピリピリしている。

I'm on edge. （アイム オン **エッジ**）

こう発音しよう！

edgeのdの発音はgの音を発音するのを助けるような役割でソフトに発音するので音としてはほとんど聞こえません。「エッジ」という感じで言えばOKですね。

表現をアレンジ！

● **I'm a little on edge.**

「ちょっと不安だ」「ちょっとイライラする」という意味でも使えます。

● **I'm nervous.**

I'm nervous. はやりたくない気持ちが先行しているイメージですね。I'm on edge. にはそれがありません。I'm a little on edge. は何かわからないけど不安になっているときにも使えます。

もっと知りたい！

edgeというのは、「端（はし）」「瀬戸際（せとぎわ）」の意味です。I'm on edge. で「ギリギリのところにいる」というイメージから「緊張する」「ピリピリしている」「不安である」と言いたい場合に使われます。

Q 65

最後のセリフは何と言っているか
マンガを読んで当ててみよう！

I'm torn! とは何という意味でしょう！？
マンガから推測してみてね。

困ったな。

I'm torn!（アイム **トーォン**）

こう発音しよう！

「トーン」とならないように、t の音を出したら舌先をまるめて r の形にして r の音を少し意識しながら「トーォン」のように発音してみましょう。

表現をアレンジ！

- **I'm torn between red and blue.**
  「赤か青かで悩んでいるんだよね」
- **I'm torn between the two.**
  「この2つで悩んでるんだよね」

もっと知りたい！

torn は tear「破れる、裂ける」の過去分詞形で「引き裂かれている」という意味になるので「どっちにするか、どれにするかで心が引き裂かれている」感じですね。

「困った」という他の表現は以下のようにニュアンスが異なります。

・**I'm confused.** は、もうどうしていいかわからなくて混乱して、立ち往生しているイメージですが I'm torn. は気持ちが引き裂かれて、どちらにも向かっています。

・**I'm lost.** は、どうしていいかわからず気持ちが落ちている感じで、I'm torn. よりも落ち込みを表現できます。

Q 66 最後のセリフは何と言っているか マンガを読んで当ててみよう！

Way to go! とは何という意味でしょう！？
マンガから推測してみてね。

よくやった！ おつかれさま！

Way to go!（**ウェイ**トゥゴゥ!）

こう発音しよう!

Wayを少し強く発音してみましょう。「よくやった!」という気持ちを強く伝えるためにも強調しましょう。

他の表現はコレ!

- **Well done.**

  比較的イギリスでよく耳にします。

- **Good job.**

  こちらは比較的アメリカでよく耳にしますね。

- **Good for you.**

  主に人の成功を称賛するときに「すごいね!」「よかったね!」のように使います。youを他の人に変えても使えます。Good for him.「彼にとって良かったね」、「彼、よくやったね!」

- **Congratulations.**

  日本でも馴染みがある言葉ですね。努力した結果、成功した人に対して使う言葉です。卒業、就職、昇進、結婚、出産などが主なその対象となっています。

もっと知りたい!

相手が何か素晴らしいことをしてほめたり、一緒によろこんだりするときに使いましょう。

67 最後のセリフは何と言っているか マンガを読んで当ててみよう!

Dream on. とは何という意味でしょう!?
マンガから推測してみてね。

067

夢でも見てな。
ありえない。

Dream on.（ドリーモン）

こう発音しよう!

dreamとonを区切って読まないように、1語のようにつなげて発音しましょう。Dreamon「ドリーモン」のような感じです。

他の表現はコレ!

● **You wish!**

相手が言っていることを皮肉っぽく、強く否定したいときに使えます。直訳で「あなたの望みどおりになるといいね」。

● **In your dreams.**

これは意味は似ていますが、もう少し軽い感じで使えます。深刻な感じはありません。

もっと知りたい!

皮肉のこもった表現で「何言ってんの? 夢でも見てろ」のような感じですね。このフレーズを言うときも、そういったニュアンスをこめて言うといいですね。相手をイラつかせる可能性があるフレーズなので、注意して使いましょう。

68

最後のセリフは何と言っているか
マンガを読んで当ててみよう！

Level

4

It's not my day. とは何という意味でしょ
う！？マンガから推測してみてね。

今日はついてないなぁ。

It's not my day.（イッツ**ノッ**マイディ）

こう発音しよう！

悠観的なムードで使うフレーズなので、notに少し力を入れて発音してみましょう。

他の表現はコレ！

- **It was not my day yesterday.**

「昨日はダメだった…」というときにも使えますね。wasと過去形にし、最後にyesterday「昨日」をつけます。

- **I'm in luck today.**

これは逆に「今日はついてるね」と言いたいときに使いましょう。

もっと知りたい！

「私の日じゃない」というところから、「ついてない」という意味で使います。不運なことが続いてしまう日ってありますよね。そんなときに使えるひと言です。

My dayやYour dayを使ったフレーズは、**You made my day.**
（→Q50参照）もありましたね！

69 最後のセリフは何と言っているか マンガを読んで当ててみよう！

Level 4

We are on the same page. とは何という 意味でしょう！？マンガから推測してみてね。

069

同感だよ。

We are on the same page.
（ウィーアー　オンダ　セイムペイジ）

こう発音しよう！

sameとpageはどちらともａを「エイ」と少し強調するのを
意識して発音しましょう。

他の表現はコレ！

- **I'm in the same boat.**

「僕もまったく同じだよ」

この表現は、考えの面で一緒だというわけではなく、状況
として一緒だという意味になります。

例）A：仕事が全然進まない！

B：I'm in the same boat.（僕も同じだよ）

表現をアレンジ！

- **Is everyone on the same page?**

「みんなも賛成かな？」

お互いに理解を確認したいときに言えますね。

もっと知りたい！

全員が同じ共通認識を持っているという意味。もちろん日常でも使
えますが、ビジネスシーンでもミーティングや大事なことを決める
ときに使えますね。

70 最後のセリフは何と言っているか マンガを読んで当ててみよう!

No wonder! とは何という意味でしょう!?
マンガから推測してみてね。

070

どうりで！　なるほど！

No wonder!　（ノゥ　ワンダー）

こう発音しよう！

wonderのoは「ア」に近い音で発音しましょう。Noは「ノー」と伸ばさず「ノゥ」ですね。

他の表現はコレ！

- **That's why.**

「だからかぁ」と、話と話がつながったときに使えます。

- **I knew it.**

「やっぱりね、そう思っていたよ！」と、知っていたことが（思っていたことが）そのとおりだったときに使えます。

もっと知りたい！

海外ドラマでもよく耳にする表現ですね。不思議に思っていたことが、「だからそうなんだ！」と理由がわかり、合点がいったときに使いましょう。

wonderは「驚くべきこと、不思議なこと」なので **What a wonder!**「何たる不思議！」ということもできます。

It is no wonder that 〜. で「〜は不思議ではない」という使い方もできます。

例文）**It is no wonder that she looks happy.**「彼女が幸せそうなのも不思議ではない」

71

最後のセリフは何と言っているか
マンガを読んで当ててみよう！

Level

4

明日のパーティ楽しみ〜!!
何か持っていくものある？

No, just
bring yourself!

ごちそう作るよ〜

ぐつぐつ

Just bring yourself! とは何という意味
でしょう!？マンガから推測してみてね。

161

手ぶらで来て!

Just bring yourself!
（ジャスト　ブリンギョァセルフ）

こう発音しよう!

bring yourselfをつなげるように発音したいですね。「ブリング　ヨァセルフ」ではなく、「ブリンギョァセルフ」のような感じです。

他の表現はコレ!

- **Don't bring anything with you.**
  「何も持ってこないでいいですよ」

もっと知りたい!

ホームパーティが多い海外で使われる定番フレーズです。友達になった外国人を家に招くときに使ってみたいですね。ビジネスシーンでも使えます。

逆に「持ち寄りパーティ」をpotluck party、または単にpotluckと言い、**It's potluck!** と言えば、それで「持ち寄りだ!」ということが言えます。海外では持ち寄りパーティはとても多いのでこれも覚えておきたいですね。

Q 72

最後のセリフは何と言っているか
マンガを読んで当ててみよう！

Level 4

You are a lifesaver. とは何という意味
でしょう！？マンガから推測してみてね。

072

本当に助かる。

You are a lifesaver.
（ユーアーァ**ライフ**セーバー）

こう発音しよう！

lifesaverの語末の-erは舌を丸めて口を尖らせて発音するようにrを発音しましょう。また-saverのverの部分はbの音にならないように、上の歯を下唇に軽く当てるようにしましょう。

他の表現はコレ！

- **You're my hero.**

  「あなたは私のヒーローです」

- **I owe you my life.**

  「あなたは私の恩人です」

  oweというのは「借りがある」という意味で、I owe you 1000 yen.とすれば「あなたに1000円の借りがある」という意味になります。

- **You saved my life.**

  これはシンプルにsaveが「救う」という意味なので、「人生を救ってもらった」という意味ですね。

もっと知りたい！

直訳すると「あなたは命の恩人です」となりますが、そこまでのことではなくても「本当に助かるよ！」ということを少し大げさに表現して気持ちを伝えるフレーズです。

73 最後のセリフは何と言っているか マンガを読んで当ててみよう！

I'm a stranger here myself. とは何という意味でしょう！？マンガから推測してみてね。

073

ここは初めてなんです。

I'm a stranger here myself.
（アイマ　ストゥレンジャ　ヒアマイセルフ）

こう発音しよう!

strangerの発音は「ストゥレンジャ」のように発音してみましょう。

他の表現はコレ!

- **I'm not familiar with this area.**

「この辺のことよく知らないんです」

be familiar with〜は「〜についてよく知っている」という意味です。この表現はさまざまなシーンで使うことができます。

- **I'm still green.**

「私はまだ（この地域の）初心者です」

この表現もさまざまなシーンで使えて、たとえばI'm still green at this job.と言えば、「この仕事においてはまだまだ新米です」となります。

- **I'm not from around here.**

「この辺の出身じゃないんです」

もっと知りたい!

日本でも外国人観光客が増えていますが、よく知らない地域で道を聞かれることもありますよね。strangeは「変な」という意味ですが、それに-erがついて「変な人」という意味だと勘違いしないようにしましょう。「見知らぬ人」の意味です。

Q 74 最後のセリフは何と言っているか マンガを読んで当ててみよう！

I'm indecisive. とは何という意味でしょう!? マンガから推測してみてね。

074

優柔不断なんだよね。
（ゆうじゅうふだん）

I'm indecisive.（アィム　インディ**サイ**シブ）

こう発音しよう！

indecisiveのciとsiは同じsの音でそれぞれsai、siと発音します。最後のveは下唇を軽く噛んで、やわらかく発音しましょう。

他の表現はコレ！

● **I blow hot and cold.**

「コロコロ気分が変わってしまうのです」

blowというのは「吹く」という意味ですね。ですので、これは「温かい息も冷たい息も吹く」が直訳。そこから「一喜一憂する」や「気分がころころ変わる（優柔不断だ）」という意味で使われています。

もっと知りたい！

decide（動詞）は「決断する」という意味ですね。**decision**（名詞）はディシジョン「意思決定」ということで日本でもよく使われるようになりました。形容詞が **decisive**「決断力のある」で、反対を表すin-を語頭につけてindecisive「優柔不断」となります。

Q 75 最後のセリフは何と言っているか マンガを読んで当ててみよう！

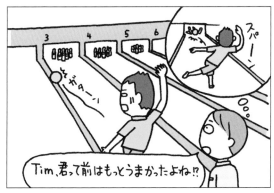

I lost my touch. とは何という意味でしょう！？マンガから推測してみてね。

075

腕 が 落 ち た な ぁ 。

I lost my touch.（アィ**ロス**マイ **タッチ**）

こう発音しよう！

I lost myまでをくっつけて発音したいので「アィロスマイ」のように、tの音は軽く音をはじく程度で発音してみましょう。touchは「タッチ」ですね。

他の表現はコレ！

- **My English is rusty.**

「英語が少しさびついてます」という意味ですね。rustが「さび」という意味です。

もっと知りたい！

スポーツなどを久しぶりにやってうまくいかなかったときの言い訳に使用します。「かつてはうまくできたんだよ！」ということをちょっと強調したいイメージがありますね。**I've lost my touch.** ということもあります。

最近衰えを感じているときには現在形にして**I'm losing my touch.** のように使います。「以前はできたことでも最近、なんだかうまくいかないことが多いな」と思うときは現在形にしましょう。

76 次の日本語で正しい英語はどれ？ 下のヒントを見て考えてみてね。

ゆっくりしてね。

① Let your hair down.

② Let your head down.

③ Let your foot down.

④ Let your hand down.

Level 4

ヒント

どれが一番リラックスしている？

① 髪を下ろす

② 頭を下ろす

③ 足を下ろす

④ 手を下ろす

076

① Let your hair down.

（レッチョァ　**ヘア**ダウン）

こう発音しよう!

Let yourがバラバラにならないように一息で発音します。

tの音ははっきり発音するのではなく、うしろに来るyour
のyとくっついて「レッチョァ」のように発音してみましょう。

他の表現はコレ!

- **Relax.**

  日本語でも言いますね。
- **Chill out.**

  「ゆっくりしてね」の他にLet's chill out! で「遊びに行こう!」
  という意味にもなります。
- **Chillax.**

  chill＋relaxをくっつけた造語で比較的新しい、最近のスラ
  ングです。

もっと知りたい!

西洋ではかつて女性は長髪が基本で、結っていました。夜寝ると
きだけ髪をほどき、ベッドに入りました。それから「髪を下ろす」
ことは、「くつろぐ」という意味でこのフレーズが使われています。

77

次の英語で正しい日本語はどれ？
下のヒントを見て考えてみてね。

I'm about to burst.

① 怒りが込み上げている。

② 壊れそうだ。

③ やる気に満ちている。

④ 興奮している。

ヒント

burstは「破壊する」という意味だよ。車のタイヤがバーストするとも言いますね！

② 壊れそうだ。

I'm about to burst.
（アイマバウトゥー　バースト）

こう発音しよう！

about toを1語のようにつなげて発音しましょう。aboutのt
とtoのtがくっついて、「アバウトゥー」となります。さらにI'm
とaboutもつながって、I'm about to までを一息で、「アイマ
バウトゥー」のように。

他の表現はコレ！

- **I'm almost dead.**

  「死にそうだ」

  almostをつけることで、ほぼその状態になっていることを表
現できます。

- **I'm beat.**

  「ヘトヘトだ」

  beatは「打ちのめす」という意味がありますから、もう打ち
のめされるほどになっているときに使えます。

もっと知りたい！

バーストは「車のタイヤがバーストする」という表現で日本語でも
聞きますよね。「破裂する」という意味ですね。about toで「今に
も〜しそうだ」という表現です。

例）**I'm about to cry.**「泣きそうだよ」

78

次の日本語で正しい英語はどれ？
下のヒントを見て考えてみてね。

いい夢見てね。

1. Sweet dreams.
2. Hot dreams.
3. Warm dreams.
4. Sour dreams.

ヒント

① 甘い夢 ② あつい夢
③ あたたかい夢 ④ 酸っぱい夢

いい夢って
どんな夢だろう

① Sweet dreams.

（スゥィードゥリームズ）

こう発音しよう！

Sweetのtは「ト」にならないようにほぼ発音しなくてOK
です。dreamsのsを発音し忘れないように気をつけましょう。
「スゥィードゥリームズ」のような感じです。

他の表現はコレ！

● **Good night.**

これはもう説明不要の一般的な「おやすみ」ですね。どんな
相手にでも使える万能の表現です。

● **Sleep well. / Sleep tight.**

「よく寝てね」という意味のフレーズです。

もっと知りたい！

「いい夢が見れることを祈ってるよ」という思いがこもったフレーズ
です。

また、恋人や家族などに使う場合に、honeyやsweetheartをうし
ろにつけることが多くあります。**Sweet dreams, honey.** のよう
に使います。誰かに言われたときは、You too! と返しましょう。

79

次の英語で正しい日本語はどれ?
下のヒントを見て考えてみてね。

Hold your horses.

① 馬を抱きしめて。

② 落ちついて。

③ 家にいて。

④ 馬を飼って。

Level 4

ヒント

177

② 落ちついて。

Hold your horses.
（**ホール**ジョア　ホースィズ）

こう発音しよう!

Hold yourをつなげて「ホールジョア」のように発音してみ
ましょう。「落ち着いて」という意味なので文末のトーンをさ
げて落ち着いた感じで言いましょう。

他の表現はコレ!

- **Calm down.**

  「落ち着いて」

- **Chill out.**

  「落ち着いて」

  chillは「冷やす」という意味があります。

もっと知りたい!

グイグイ進んでしまう馬の手綱を引いて止めるところからきている表
現ですね。だから、落ち着きを失ったり、焦ったりして何かをしよ
うとしている相手に「落ち着いて!」「ちょっと待って!」と、相手
の行動を止めるときに使う表現です。

Q 80

次の英語で正しい日本語はどれ？
下のヒントを見て考えてみてね。

I'm over it.

① 乗り越えたよ。
② もう飽きたよ。
③ それよりも重いよ。
④ それに詳しいよ。

ヒント

over

Level 4

② もう飽きたよ。

I'm over it.（アィム　オゥヴァイッ）

こう発音しよう！

over itを一息で言いたいですね。overのvは上の歯で下唇を軽く噛んで「ヴ」という音を出しましょう。

他の表現はコレ！

● **I'm getting bored.**

「私は飽きつつある」

boringはつまらないということで、This movie is boring.「この映画はつまらない」のように使われます。しかし、今回はget boredで「飽きた状態になる」ということでboringではなくboredとなる点を注意してみましょう。

● **I'm done.**

「私はもう飽きた」

もうやり終わった感じが出ますね。「do」は、「し終わった」状態だ言うことで、I'm doneとなります。

もっと知りたい！

ひと山越えた感じがありますね。何かに対して関心のカーブを越えてしまった、つまりもうピークが過ぎて下り坂、というようなイメージです。

Q 81

次の日本語で正しい英語はどれ?
下のヒントを見て考えてみてね。

お腹ペコペコ。

① I could eat a rabbit.
② I could eat a tiger.
③ I could eat a horse.
④ I could eat a hamster.

ヒント

お腹が減っていたらなに食べられる?
①うさぎ ②タイガー ③馬 ④ハムスター

081

③ I could eat a horse.

（アイクッド　イータ**ホース**）

こう発音しよう！

　まずI couldを一息で。eat aをくっつけて、「イータ」として最後にhorseですね。horseはrの音が入っているので、「ホース」とカタカナ読みになりすぎないようにrの音を少し意識して。

他の表現はコレ！

● **I'm starving.**

　「お腹減って死にそう」

　starveは「飢え死にする」という意味なので「飢え死にしそうなくらいにお腹が減っている」という表現です。

● **My stomach is growling.**

　「お腹が空いてぐーっとお腹が鳴っている」という意味です。growlとは「うなる」という意味です。ライオンなどがうなっているような音がお腹から聞こえてくる感じですね。

もっと知りたい！

「馬をまるごと一頭食べられるくらいにとてもお腹が減っている」という意味です。I'm very hungry.と言う代わりにこのフレーズをさらっと言えるとかっこいいですね。

Q 82

次の日本語で正しい英語はどれ？
下のヒントを見て考えてみてね。

> # 彼 は 生真面目 だ 。

① He is a straight arrow.

② He is a straight knife.

③ He is a straight folk.

④ He is a straight sword.

ヒント

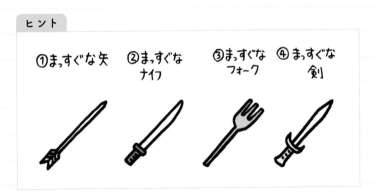

①まっすぐな矢　②まっすぐな　③まっすぐな　④まっすぐな
　　　　　　　ナイフ　　　フォーク　　　剣

082

① He is a straight arrow.

（ヒーズァ　ストゥレイトアロゥ）

こう発音しよう!

straightはストレートではなく「ストゥレイト」となるので伸ばさず「エイ」の音をしっかりと意識しましょう。arrowのaは少し横に口を開いて、「ア」と「エ」の間のような音で、owは「オゥ」となるのでこれも意識しましょう。

他の表現はコレ!

● **He is frank and honest.**

「彼は率直で正直者だ」

これはa straight arrowをいい意味で使うときに同じような意味になります。

● **He is so stubborn.**

「彼はとても頑固だ」

上記と逆で、ネガティブな意味で使うときに「頑固者だ、融通が利かない人だ」と言うときはこのようにも言えます。

もっと知りたい!

とても真面目でモラルがある人のことを指します。しかし時に真面目すぎて融通が利かない人のことを指すのでネガティブな意味で使うこともあります。たとえば、誰かにちょっとしたイタズラしようと企んでいて、みんな賛成しているのに1人だけ、かたくなに乗らない人のようなイメージです。

83

次の3つの会話の答えはすべて
同じIt's a breeze. です。
フレーズの意味を推測しよう。

① 昨日のテストどうだった？

It's a breeze.

② この本、読むのに時間かかりそうだよね。

It's a breeze.

③ この封筒（ふうとう）、ポストに投函（とうかん）してくれない？

It's a breeze.

It's a breeze. の意味は？

朝飯前だよ。
（あさめしまえ）

It's a breeze.（イッツァ　ブリーズ）

こう発音しよう！

breezeのrは軽く舌を巻くように、eeは文字通り「イー」と長めに発音しましょう。

他の表現はコレ！

● **It's a piece of cake.**

「朝飯前だよ」

「一切れのケーキは簡単に（ペロッと）食べれる！」というところからきている表現でIt's easy.などと言うよりこちらを使えるとこなれている感じを出せます。

● **It's gonna be a breeze.**

応用編で「そんなの簡単でしょ」という意味です。gonna beはgoing to beの口語的表現で直訳すると「breeze（朝飯前）になるだろう」。過去のことを聞かれたらIt was a breeze! のように、話していることがいつなのかに合わせて使い分けていきましょう。

もっと知りたい！

「ファブリーズ」の名前にも入っているbreezeは英語で「そよ風」を意味します。「そよ風のごとく簡単だ」という意味ですね。

クイズタイプ **3** 答え推測　英語フレーズクイズ！

84 次の3つの会話の答えはすべて同じ I couldn't agree more. です。 フレーズの意味を推測しよう。

① 今日のお昼、ピザ食べにいかない？

I couldn't agree more.

② 明日の会議、ゆううつだね。

I couldn't agree more.

③ ティム最近痩せたと思わない？

I couldn't agree more.

I couldn't agree more. の意味は？

Level

4

187

084

まったく賛成だ。

I couldn't agree more.
（アィクドゥント　アグリー**モア**）

こう発音しよう！

強い賛成を表す言葉なので最後のmoreは少し力を入れて発音しましょう。

他の表現はコレ！

- **I feel the same way.**
  「同じように感じる」つまり「同感です」という意味です。
- **I completely agree.**
  「まったく同感です」

もっと知りたい！

notが入っているのでちょっとまぎらわしいですが、「これ以上賛成できない」ということで賛成の度合いが頂点に達しているという意味になります。

LEVEL 5

—

16
Quizzes

いよいよラスト！おつかれさま。

どのクイズから解いてもOK!

- **None of your business.**
- **He's a social butterfly.**
- **Let's play it by ear.** ...etc

意味がわかるフレーズは
あるかな？

85 最後のセリフは何と言っているか マンガを読んで当ててみよう！

It's Greek to me. とは何という意味でしょう！？マンガから推測してみてね。

085

さっぱりわかりません。

It's Greek to me.
（イッツ　**グリーク** トゥミー）

こう発音しよう！

Greekの Gr にアクセントを入れて発音しましょう。イッツ /グリーク/トゥミーのように区切って発音しましょう。

他の表現はコレ！

- **I don't understand at all.**
- **I don't get it.**

    一般的な文ではこう言うことができます。

表現をアレンジ！

- **It's all Greek to me.**

    強調したいときはallをつけるといいですよ。

もっと知りたい！

専門的な言葉が多すぎて「さっぱりわからない」というときに使えるのがこのフレーズ。

Greekは「ギリシャ語」。「（外国語で言われて／書かれていて）さっぱりわからない」というところからこの意味に。他にも外国語を使った**double Dutch**という単語は「（ただでさえわからない）オランダ語の2倍わからない」という意味です。

192

86

最後のセリフは何と言っているか
マンガを読んで当ててみよう！

I'll sleep on it. とは何という意味でしょ
う！？マンガから推測してみてね。

ちょっと考えます。

I'll sleep on it. (アイル　スリープ **オニッ**)

こう発音しよう!

on itの2語はつなげて発音しましょう。「オニッ」といった感じですね。

他の表現はコレ!

- **I can't answer right now.**
  「今すぐ答えられないよ」
- **I need more time to think about it.**
  「もう少し考える時間が必要です」

表現をアレンジ!

- **Let's sleep on it.**
  「一晩寝かせて考えましょう」
  会議などで、につまってしまって良い案や結論がなかなか出ないときに。ビジネスシーンで使ってもOKでスマートな表現です。
- **You should sleep on it.**
  「もう少し考えたほうがいいと思うよ」

もっと知りたい!

sleepにonをつけて「一晩寝かせて考える」や「時間を置いて考える」という意味になります。このように、sleepのうしろにくる前置詞で意味が変わるので注意しましょう。

Q 87

最後のセリフは何と言っているか
マンガを読んで当ててみよう!

When pigs fly! とは何という意味でしょ
う!?マンガから推測してみてね。

それ は ありえない 。

When pigs fly!（ウェン　ピッグズフ**ラィ**！）

こう発音しよう！

　pigは複数形なのでpigsのsを忘れないように発音しましょう。ありえないことに対して使うので表情やトーンも重要です。あきらめたような表情で言います。

他の表現はコレ！

- **Out of the question!**
「問題外だね！」
- **In your dreams.**
これはWhen pigs fly! に比べて相手をあきらめさせようとしているニュアンスが強くなります。
- **You wish!**
これもIn your dreams. と同じようなニュアンスを持ちます。
→Q67参照。

もっと知りたい！

When pigs fly! は、直訳すると「豚が空を飛んだらね」という意味で、「ありえないこと」を表現するときに使います。
誰かがとても実現しそうもないことを発言したときに When pigs fly! と言います。不可能なことや起こりそうにないことを言った相手に対しての返答として多く使われます。

88 最後のセリフは何と言っているか マンガを読んで当ててみよう！

Drop me a line! とは何という意味でしょう！？マンガから推測してみてね。

連絡してね。

Drop me a line. （ドゥロプミーア**ライン**）

こう発音しよう！

dropのpはなるべく弱く、言ったか言ってないかくらいの弱い音で発音してみましょう。

他の表現はコレ！

● **Shoot me an email!**

意味としては同じように使われます。dropは「釣ざおにつけたえさをたらす」ようなイメージで、「投げかける」感じです。一方で、shootは「撃つ」という意味なので、もう少し直球なイメージが加わります。ただそれほど違いはありません。

● **Keep me posted.**

これは進捗状況や近況を随時伝えてほしいときに伝える英語フレーズです。

もっと知りたい！

lineというのは元々「（手紙の）行」のことです。そこから転じて、メールや携帯で「近況をお知らせください」と伝えたいときにDrop me a line.を使うようになりました。さらに、今では多くのアメリカ人が電話でもDrop me a line.「連絡してください」を使います。

Q 89

最後のセリフは何と言っているか マンガを読んで当ててみよう！

Can I pick your brain? とは何という意味でしょう！？マンガから推測してみてね。

アドバイスもらえませんか。

Can I pick your brain?
（キャナイ　ピッキュ　**ブレーン**？）

こう発音しよう！

Can I は「キャンアイ」ではなく「キャナイ」、pick you は「ピックユー」ではなく「ピッキュ」のように pick の k と you をつなげて発音してみましょう。

表現をアレンジ！

● **I would like to pick your brain.**

Can I pick your brain? に比べると、アドバイスをもらうことが前提になっているニュアンスが少し出てきます。

もっと知りたい！

pick your brain を直訳すると「あなたの脳をつつく」という意味。簡単にアドバイスがもらえそうな場合に使います。

Give me advice / ideas. とも意味が似ていますが、これは少し重いので、相手に責任を押しつけるような印象を与えます。

Q 90 最後のセリフは何と言っているか マンガを読んで当ててみよう！

Hats off to you. とは何という意味でしょう!? マンガから推測してみてね。

201

090

君に脱帽だよ。

Hats off to you.（ハッツォフ　トゥユー）

こう発音しよう！

冒頭のHatsにアクセントを置きながら、Hats offは一気に発音したいですね。toは短めに発音してOKです。

表現をアレンジ！

以下のように、ある人の行動や性質について具体的に賞賛することもできます。

- **Hats off to your hard work.**
  「あなたの努力には脱帽です。」
- **Hats off to your motivation.**
  「あなたのやる気には脱帽です。」
- **Hats off to your patience.**
  「あなたの忍耐力には脱帽です。」
- **Hats off to your decision.**
  「あなたの決断には脱帽です。」
- **Hats off to your imagination.**
  「あなたの想像力には脱帽です。」

もっと知りたい！

ある人に対して敬意を払って帽子を脱ぐシーン、映画などでもよく目にしますよね。それをまさに言葉にしたようなフレーズです。

91

最後のセリフは何と言っているか マンガを読んで当ててみよう！

Level

5

None of your business. とは何という
意味でしょう！？マンガから推測してみてね。

A 関係ないでしょ。
余計なお世話だよ。

None of your business.
（ナノブ　ヨァビジネス）

こう発音しよう！

Noneは「ナン」。ofのoは「ア」と「オ」の間くらいの音で、None ofを一息で発音します。「ナノブ」のように発音しましょう。

他の表現はコレ！

- **Mind your own business.**

「自分のことにもっと気を向けたら？」が直訳で「大きなお世話だ」という意味になります。

- **None of my business.**

「私には関係ないわ」

yourのところをmyにして「自分には関係のないこと」に対しても使えます。

もっと知りたい！

businessと言えば「ビジネス（仕事）」を思い浮かべると思いますが、ここでは「個人の問題」という意味で使われています。そのためnoneと組み合わせて「あなたには関係のない問題」という意味になるのです。相手を突き放す言葉ですね。

92 次の日本語で正しい英語はどれ？ 下のヒントを見て考えてみてね。

なぜ浮かない顔をしてるの？

① Why the long face?

② Why the short face?

③ Why the big face?

④ Why the small face?

ヒント

①長い顔　②短い顔　③大きな顔　④小さな顔

どれが一番浮かない顔？

① Why the long face?

（ワァィ　ザ　ロングフェイス）

092

こう発音しよう！

longのgとfaceのfの2つの子音が続いて発音されるので、gは弱めに発音してみましょう。

他の表現はコレ！

● **Are you ok?**

「大丈夫？」

浮かない顔をしている人に、「どうしたの？」と聞くならば、こう聞いてみるのもありでしょう。

もっと知りたい！

long face は「悲しい表情や浮かない顔・表情」のことを言います。悲しい顔のときは口角も下がってドヨーンと垂れているようなイメージから、長い顔のイメージなったのでしょう。

ちなみにfaceを使った表現としては、③**big face**「ごうまんな顔」の意味もあります。④の **small face** ですが日本語では、ほめ言葉として「小顔」と言いますが英語圏で言うとかえって失礼になる（頭が小さい＝頭が空っぽの人の意味になる）ので注意しましょう。

93 次の英語で正しい日本語はどれ？下のヒントを見て考えてみてね。

He's a bad apple.

① 彼はかわいいやつだ。

② 彼は毒舌だ。

③ 彼はろくでもないやつだ。

④ 彼は照れている。

Level 5

ヒント

093

③ 彼はろくでもないやつだ。

He's a bad apple.
（ヒーズァ　バッ**アッ**ポォ）

こう発音しよう！

appleのaは口を少し横に開き「エ」の口で「ア」を発音します。「ア」と「エ」の間のようなイメージの音です。気持ち長めに発音してあげてアクセントをつけてから、その後の-pple（ポォ）につなげましょう。

他の表現はコレ！

- **He's a bad egg.**
- **He's a bad seed.**

同じ意味で使うことができます。

もっと知りたい！

badには「腐った」という意味があります。「腐ったりんご」にたとえて、「厄介な人や悪影響を及ぼす人」をbad appleと表現します。

フルーツを使った表現はいくつかあるのでこの際覚えてみましょう。

・**He is the top banana.**「彼は主役、重要人だ」

・**He is a real peach.**「彼はとても素敵な人」

・**He is as cool as a cucumber.**「彼はかっこいい（見た目だけではない）」

・**He is the cherry on the cake.**「彼がベストだ」

94

次の英語で正しい日本語はどれ？
下のヒントを見て考えてみてね。

He's a social butterfly.

① 彼は転職ばかりしている。

② 彼は社会的に地位がある。

③ 彼は地に足がついていない。

④ 彼は社交的だ。

Level

5

ヒント

チョウチョはいろいろな
ところに飛び回るから……

094

④ 彼 は 社 交 的 だ 。

He's a social butterfly.
（ヒーズァ　ソーシャル**バ**ラフライ）

こう発音しよう！

He's aをまずは一息で言いましょう。butterflyはbの音を最も強く発音しましょう。butterflyは「バタフライ」と言うよりもtt部分を「ラ」に近い音で、「バラフライ」のように発音するほうがよりネイティブらしく聞こえます。

他の表現はコレ！

- **He is a people person.**

  「彼は人付き合いのいい人だよ」

  people personは「人当たりのいい人、人付き合いのいい人、社交的で協調性のある人」という意味。

- **She is extremely outgoing.**

  「彼女はとても外向的だ」

もっと知りたい！

socialは「社会の」という意味ですね。butterflyがあちこちを飛び回るので「人から人へ移動する」から「社交的」という意味になりこの表現が使われます。しかし、前後の文脈によっては「あちらこちらのパーティーに顔を出すような人」というネガティブな意味にもなります。たとえば、SNSを見ながら「ケイトって毎日どこかの会合に出て、その写真をアップしてるよね」「まぁ彼女はsocial butterflyだからねぇ」と苦笑いしながら言うと、いい意味ではないですよね。

95

次の日本語で正しい英語はどれ？
下のヒントを見て考えてみてね。

（コンサートどうだった？と聞かれて）
めちゃくちゃ楽しかった！

① We had a basket.

② We had a book.

③ We had a bag.

④ We had a ball.

ヒント

①バスケット　②本　③バッグ　④ボールの中で、「ある会」
を意味する単語があるよ。

④ We had a ball.

（ウィハッダ **ボール**）

こう発音しよう！

had と a を繋げて hada「ハッダァ」のように発音しましょう。

他の表現はコレ！

- **I had a good time.**

  定番の英語フレーズですね。

- **I enjoyed myself.**

  ビジネスシーンや気を遣う相手に楽しかったことを伝えるときに使いやすいフレーズです。

- **I had a blast!**

  特に若い世代が多く使います。blastは「突風、爆風」などの意味ですが、俗語で「にぎやかで楽しいひととき」「大勢のパーティ」などの意味があります。

もっと知りたい！

ここでの ball は「ボール」ではなく「舞踏会」の意味です。舞踏会で楽しんでいるようなイメージから「大いに楽しむ」という意味になりました。

Q 96 次の日本語で正しい英語はどれ? 下のヒントを見て考えてみてね。

（飲み会の席などで）**さあ始めよう。**

---

① Let's get the stone rolling.

② Let's get the balloon rolling.

③ Let's get the ball rolling.

④ Let's get the melon rolling.

ヒント

始める＝何を転がす?

① 石　　② バルーン　③ ボール　④ メロン

213

③Let's get the ball rolling.

（レッツゲッダ　ボールローリン）

こう発音しよう！

get the は1語のようにつなげて発音します。「ゲッダ」のような感じですね。ball の l と rolling の r の舌の動きに注意しましょう。ball の -ll のとき舌先を上の歯のうしろに軽く当てたあと、すぐに r の発音がくるので舌先を奥に引っ込めながら丸めます。

他の表現はコレ！

● **Let's get started.**

Let's start. のほうがよりフォーマルに使えます。Let's get started. はよりカジュアルな感じが出ますね。

もっと知りたい！

直訳すると「さぁ、ボールを転がしましょう」となりますが、そこから転じて「物事を始める」という意味になりました。ビジネスでも会議を始めるときなどに使われます。

Q 97 次の日本語で正しい英語はどれ? 下のヒントを見て考えてみてね。

うれしくてたまらない。

① I'm over the sun.
② I'm over the moon.
③ I'm over the star.
④ I'm over the sky.

Level 5

ヒント

どれを超える?

097

② I'm over the moon.

（アィム　**オゥバーダムーン**）

こう発音しよう!

theは添えるくらいの気持ちで軽く発音したいので小さい「ダ」が入るような感じで発音しましょう。overのoは「オゥ」であることにも注意。

他の表現はコレ!

● **I'm in seventh heaven.**

「天にも昇る気持ち」「最高の気持ち」「有頂天」

in seventh heavenは「第7天国」が直訳。第7天国とは、ユダヤ教などで神がいるとされる場所で、「最高の幸せ」を表します。

● **I'm on cloud nine.**

「至福の気持ち」「最高の気持ち」

非常に高いところにできる積乱雲をアメリカの気象局ではcloud nineと呼び、「その上に乗っている」、つまり「天に近いほど高い」ということから「最高の気持ち」「天にも昇る気持ち」に。ただし、他いくつかの諸説があります。

もっと知りたい!

「あまりのうれしさに飛び上がって、月をも越えてしまう」そんなニュアンスが伝わってきますね。何かうれしいことやおめでたいことがあって、興奮歓喜しているときに使います。

98

次の3つの会話の答えはすべて
同じHoly cow! です。
フレーズの意味を推測しよう。

①

ジョーの浮気がバレたらしいよ。

Holy cow!

②

昨日の会議でサムが社長を怒（おこ）らせたんだって。

Holy cow!

③

お会計しようと思ったら、財布を家に忘れてきたことに気づいた。

Holy cow!

Holy cow! の意味は？

Level 5

217

なんてこった。

Holy cow!（ホゥリーカゥ）

こう発音しよう！

HolyのHを強調させましょう。口を「オ」の形に開けて少し長めに発音しましょう。

他の表現はコレ！

- **Holy shit!**

映画などで結構耳にしますが、言葉としてはきれいではないのでなるべく使うのは避けましょう。

- **Oh my God! / Oh my goodness! / Oh my gosh!**

これは定番ですね。ちなみに、Godは神様を表すので大文字ですが他はクリスチャンではない人がGodを避けて使うので小文字でOKです。

もっと知りたい！

そのまま訳すと「聖なる牛」という意味ですが「なんてこった！」のように予想外の出来事が起こっておどろきを表現するときに使います。いいとき、悪いとき、どちらのシチュエーションにも使えます。Oh my God!と同じ使い方ですね。

99

次の3つの会話の答えはすべて
同じLet's play it by ear. です。
フレーズの意味を推測しよう。

①

ライブの後はどうする？

Let's play it by ear.

②

明日の会議って、どんな感じかわかんないよ
ね。

Let's play it by ear.

③

このままだと、電車に乗り遅れそうだよね。

Let's play it by ear.

Let's play it by ear. の意味は？

臨機応変にやろう。
成り行きにまかせよう。

Let's play it by ear.
（レッツ　プレイッバィイヤー）

こう発音しよう！

play it byを一息で発音したいので、itのtはほとんど発音しないようなイメージです。「プレイッバイ」のような感じですね。earのrは、舌の先を内側にまいて、口のどこにも触れずに「ア」と「ル」の間のような音を出して見ましょう。

他の表現はコレ！

- **We'll see.**

  「様子を見よう」

  「状況を見てから決めようか」といったニュアンスのあるフレーズです。

- **Go with the flow.**

  →Q100参照。

もっと知りたい！

まさに「臨機応変」を英語にした表現ですね。明確にプランを立てず、その場の状況や雰囲気に合わせて行動することを play it by earといいます。

play ～ by earは元々「（楽譜なしで）演奏する、即興する」の意味です。そこから転じて「臨機応変に対応する」の意味で使われるようになった便利な表現です。

100 次の3つの会話の答えはすべて同じ Just go with the flow. です。 フレーズの意味を推測しよう。

① 渋滞からなかなか抜けられないよ。 間に合うかな。

Just go with the flow.

② 彼がどう思ってるのかわかんないんだよね。

Just go with the flow.

③ 山田さんが辞めたら誰が穴埋めするんだろう。

Just go with the flow.

Just go with the flow. の意味は？

流れに身を任せる。
<small>なが み まか</small>

Just go with the flow.
（ジャストゥ　ゴゥウィズ ザ フロー）

こう発音しよう！

　justのtは母音を入れて「ト」とならないように舌先を軽く弾いて小さく発音しましょう。goは伸ばさずに「ゴゥ」ですね。flowは「フロー」とカタカナっぽく発音してOKです。

他の表現はコレ！

- **Let's go with the flow.**
  「流れに身を任せようよ」
- **Let's go with the times.**
  「時代の流れに身を任せようよ」
  timesは「時代」の意味なので、「時代の流れに身をまかせる」という意味です。
- **Take it as it comes.**
  「ありのまま受け止めよう」という意味です。それが来る(it comes)、ままに(as)、それを受け止める(take it)
- **Play it by ear. / We'll see.** →Q99参照。

もっと知りたい！

キャッシュフローやワークフローなど日本語でもよく耳にするフロー。「流れ」という意味ですね。go withが「従う」という意味なのでgo with the flowで「流れに従う」「流れに身をまかせる」になります。

著者紹介

塚 本 亮
Tsukamoto Ryo

1984年京都生まれ。同志社大学卒業後、ケンブリッジ大学大学院修士課程修了（専攻は心理学）。偏差値30台、退学寸前の問題児から一念発起して、同志社大学経済学部に現役合格。その後ケンブリッジ大学で心理学を学び、帰国後、京都にてグローバルリーダー育成を専門とした「ジーエルアカデミア」を設立。心理学に基づいた指導法が注目され、国内外の教育機関などから指導依頼が殺到。これまでのべ4000人に対して、世界に通用する人材の育成・指導、IELTSやTOEICの指導を行い、多くの受講生がケンブリッジ大学やロンドン大学などの世界トップ大学に合格している。また、映画『マイケル・ジャクソンTHIS IS IT』のディレクター兼振付師であるトラヴィス・ペイン氏を始め、世界の一流エンターテイナーの通訳者を務める他、インバウンドビジネスのアドバイザリとしても活躍している。現在、外資系や上場企業にてビジネス英語研修も行い、資格試験からビジネス英語まで幅広い英語の指導をしている。『IELTS ブリティッシュ・カウンシル公認問題集』（旺文社）の監修を始め、『「すぐやる人」と「やれない人」の習慣』（明日香出版社）など著書多数。

2019年3月～現在、Tokyo Star Radioにて「三修社 presents! 亮かNoriccoかあみみんのゼッタイ Foreign Love～外国語と海外文化にFall in Love～」の毎月第1金曜日パーソナリティ担当。「ありのままの塚本先生とクイズで楽しく学べる」と英語番組が好評。

音声をダウンロードできます
❶ PC・スマートフォンで音声ダウンロード用のサイトにアクセスします。
　QR コード読み取りアプリを起動し左の QR コードを読み取ってください。
　QR コードが読み取れない方はブラウザから
　「http://audiobook.jp/exchange/sanshusha」にアクセスしてください。
❷ 表示されたページから、audiobook.jp への会員登録ページに進みます
　（既にアカウントをお持ちの方はログインしてください）。　※ audiobook.jp への会員登録（無料）が必要です。
❸ 会員登録後❶のページに再度アクセスし、シリアルコードの入力欄に「05980」を入力して「送信」をクリックします。
❹ 「ライブラリに追加」のボタンをクリックします。
❺ スマートフォンの場合はアプリ「audiobook.jp」をインストールしてご利用ください。
　PC の場合は、「ライブラリ」から音声ファイルをダウンロードしてご利用ください。

装丁・本文デザイン	上坊菜々子
本文・カバーイラスト	坂木浩子
作曲	下田義浩（URBAN FOREST STUDIO）
DTP	小林菜穂美

DL付き
解くだけで思いのままに英語が話せる!
ゼッタイ覚えたい英会話フレーズ100

2020 年 4 月 30 日　第 1 刷発行

著　者	塚本亮
発行者	前田俊秀
発行所	株式会社 三修社
	〒 150-0001　東京都渋谷区神宮前 2-2-22
	TEL03-3405-4511　FAX03-3405-4522
	http://www.sanshusha.co.jp
編集担当	本多真佑子
印刷・製本	日経印刷株式会社

©2020 Ryo Tsukamoto　Printed in Japan
ISBN 978-4-384-05980-9 C2082

JCOPY〈出版者著作権管理機構 委託出版物〉
本書の無断複製は著作権法上での例外を除き禁じられています。複製される場合は、
そのつど事前に、出版者著作権管理機構（電話 03-5244-5088　FAX 03-5244-5089
e-mail: info@jcopy.or.jp）の許諾を得てください。